MES RECETTES LIGHT AU ROBOT-CUISEUR

150 recettes faciles et rapides !

Marie Rossignol

Photographies de Nicolas Barret

ISBN : 978-2-412-04275-5
Dépôt légal : février 2019
Imprimé en France par Pollina - 88102

Photographies : © Nicolas Barret
Stylisme : Marie Rossignol
Mise en page : Istria
Correction : Christine Cameau

Éditions First, un département d'Édi8
12, avenue d'Italie
75 013 PARIS – France
Tél. : 01 44 16 09 00
Fax : 01 44 16 09 01
e-mail : firstinfo@efirst.com
Site Internet : www.editionsfirst.fr

SOMMAIRE

INTRODUCTION 4

ENTRÉES 6

SOUPES ET VELOUTÉS 32

LÉGUMES 64

POISSONS 104

VIANDES 135

SAUCES ET BOUILLONS 165

DESSERTS 174

INDEX 191

INTRODUCTION

Envie de manger léger sans passer un temps fou en cuisine ? Ne cherchez plus... Choisissez de bons ingrédients, réalisez quelques préparatifs simples, et votre robot cuiseur fera le reste ! Cookéo vous fera aussi gagner un temps précieux sur la cuisson de vos plats.

Les recettes de ce livre ont été conçues en diminuant au maximum l'apport en calories, tout en veillant à ce qu'elles restent variées, équilibrées et gourmandes.

Les différents modes de cuisson de l'appareil sont un réel atout pour soigner votre ligne :

- La cuve antiadhésive permet de faire dorer et mijoter les aliments sans ajout de matière grasse, ou très peu.
- La cuisson sous pression et la cuisson vapeur, privilégiées ici, préservent les qualités nutritives et les saveurs des aliments.
- Le robot peut également réchauffer et maintenir au chaud, pour passer à table sans contrainte.

INFOS PRATIQUES

- Si l'appareil sonne en cours de cuisson, c'est probablement qu'il manque de liquide. Il vous suffira d'en ajouter.
- Lorsque les recettes nécessitent de dorer les aliments, attendez la fin du préchauffage avant de placer ces derniers dans la cuve.
- Pour les céréales, comptez 2 volumes d'eau pour 1 volume de grains.
- Pour manger light sans vous lasser, pensez aux épices pour agrémenter vos plats.
- Les bouillons maison (p. 168 à 171) sont de bonnes alternatives aux matières grasses, n'hésitez pas à les préparer en quantité et à les congeler dans des bacs à glaçons.

LES INDISPENSABLES

- Des ramequins de 8 cm maximum pour les recettes de flans, clafoutis ou crèmes vapeur. À défaut, placez dans le panier vapeur un moule à charlotte de 18 cm de diamètre maximum. Pensez à filmer le tout avant de lancer la cuisson.
- Un mixeur plongeant pour les soupes. Veillez à ce qu'il soit équipé d'une paroi de protection autour de l'hélice pour ne pas abîmer la cuve du robot. À défaut, mixez dans un autre récipient.

CAVIAR D'AUBERGINE AU CUMIN

4 PERSONNES • PRÉPARATION 5 MIN • CUISSON 8 MIN

1 aubergine
1 cuil. à café de cumin en poudre
1 cuil. à soupe de gomasio
1 cuil. à café d'huile d'olive

Versez 20 cl d'eau dans la cuve du robot.

Lavez et coupez l'aubergine en deux, puis déposez les deux moitiés, chair vers le haut, dans le **PANIER VAPEUR**.

Badigeonnez-les avec l'huile, puis saupoudrez de gomasio et de cumin.

Lancez le mode **CUISSON SOUS PRESSION** pour **8 MIN**.

À la fin de la cuisson, laissez tiédir, puis prélevez la chair des aubergines. Mettez-la dans un bol et écrasez-la avec une fourchette.

Réservez au réfrigérateur.

ARTICHAUT VAPEUR ET VINAIGRETTE LÉGÈRE

2 PERSONNES • PRÉPARATION 5 MIN • CUISSON 25 MIN

2 gros artichauts

Pour la vinaigrette aux herbes

1 cuil. à soupe de moutarde

1 cuil. à café de petit-suisse

1 cuil. à café de vinaigre de vin

1 cuil. à soupe de bouillon de légumes

quelques brins de persil plat

quelques brins de ciboulette

sel, poivre

Coupez la queue des artichauts, puis lavez-les soigneusement. Versez 20 cl d'eau dans la cuve du robot, puis mettez les artichauts dans le **PANIER VAPEUR**.

Mettez le panier dans la cuve et faites cuire en mode **CUISSON SOUS PRESSION** pendant **25 MIN**. À la fin de la cuisson laissez les artichauts tiédir.

Pendant ce temps, préparez la vinaigrette. Dans un bol, mélangez la moutarde avec le petit-suisse. Ajoutez le vinaigre de vin et le bouillon de légumes. Rincez et ciselez les herbes, puis incorporez-les à la sauce. Salez, poivrez et mélangez bien.

Dégustez les artichauts vapeur avec la vinaigrette.

POIREAUX ET ŒUF MOLLET

4 PERSONNES • PRÉPARATION 10 MIN • CUISSON 12 MIN

8 petits poireaux
4 œufs

Pour la sauce légère à la ciboulette

150 g de fromage blanc à 0 %

1 bouquet de ciboulette

4 brins de persil

1 cuil. à café de moutarde à l'ancienne

1 cuil. à soupe de jus de citron

sel, poivre

Retirez le vert des poireaux, puis fendez-les légèrement en deux dans la longueur pour bien les laver. Si les poireaux sont trop longs, coupez-les en deux et mettez-les dans le **PANIER VAPEUR**.

Versez 20 cl d'eau dans la cuve du robot et placez le panier. Lancez le mode **CUISSON SOUS PRESSION** pour **9 MIN**. À la fin de la cuisson, retirez les poireaux du panier, déposez-les dans un plat et laissez-les tiédir.

Mettez les œufs dans le **PANIER VAPEUR** et lancez la **CUISSON SOUS PRESSION** pour **3 MIN**. À la fin de la cuisson, plongez les œufs dans un saladier d'eau froide, puis écalez-les.

Préparez la sauce : lavez et hachez les herbes. Dans un bol, mélangez les herbes avec la moutarde et le jus de citron, puis ajoutez le fromage blanc. Salez et poivrez. Servez la sauce avec les poireaux vapeur et les œufs mollets.

PETITS FLANS AUX LÉGUMES VERTS

4 PERSONNES • PRÉPARATION 10 MIN • CUISSON 16 MIN

50 g de brocoli
50 g de petits pois
50 g de haricots verts
2 œufs
1 cuil. à soupe de fécule de maïs
1 cuil. à soupe de lait d'amande
1 cuil. à soupe de basilic frais ciselé
sel, poivre

Versez 20 cl d'eau dans la cuve du robot.

Lavez les légumes et mettez-les dans le **PANIER VAPEUR**. Faites-les cuire en mode **CUISSON SOUS PRESSION** pendant **6 MIN**. Gardez l'eau dans la cuve.

Répartissez les légumes dans quatre ramequins.

Dans un bol, battez les œufs, la fécule, le lait d'amande et le basilic ciselé. Salez, poivrez et répartissez la préparation sur les légumes. Recouvrez les ramequins de film alimentaire.

Déposez-les dans le **PANIER VAPEUR**. Lancez le mode **CUISSON SOUS PRESSION** pour **10 MIN**. Dégustez les flans chauds ou froids.

SALADE BROCOLI-CAROTTES AU MISO

4 PERSONNES • PRÉPARATION 10 MIN • CUISSON 2 MIN

1 brocoli

4 carottes

1 poignée d'amandes effilées

Pour la vinaigrette au miso

1 cuil. à café de pâte de miso

1 cuil. à soupe de vinaigre de cidre

1 cuil. à café d'huile d'olive

sel, poivre

Pelez les carottes et coupez-les en bâtonnets. Coupez les bouquets de brocoli en deux dans la longueur.

Versez 20 cl d'eau dans la cuve du robot. Mettez les brocolis et les carottes dans le **PANIER VAPEUR**. Lancez la **CUISSON SOUS PRESSION** pour **2 MIN**.

À la fin de la cuisson, laissez les légumes refroidir.

Pour la sauce, diluez la pâte de miso avec le vinaigre et 1 cuil. à soupe d'eau. Mélangez bien, puis incorporez l'huile d'olive. Salez, poivrez.

Versez la vinaigrette sur les légumes et parsemez d'amandes effilées.

SALADE DE POIS CHICHES ET BUTTERNUT

4 PERSONNES • PRÉPARATION 10 MIN • REPOS 12 H • CUISSON 21 MIN

70 g de pois chiches secs

1 petite courge butternut

Pour la sauce

1 cuil. à soupe de jus d'orange

1 cuil. à café de moutarde de Dijon

1 cuil. à café de vinaigre balsamique

1 cuil. à café de persil plat haché

1 cuil. à soupe de graines de tournesol

sel, poivre

Faites tremper les pois chiches pendant 12 heures. Égouttez-les puis mettez-les dans la cuve. Couvrez-les généreusement d'eau puis lancez le mode **CUISSON SOUS PRESSION** pendant **13 MIN**. Égouttez les pois chiches puis laissez-les refroidir.

Pelez, épépinez et coupez la courge butternut en dés.

Versez 25 cl d'eau dans la cuve du robot. Placez les morceaux de butternut dans le **PANIER VAPEUR**, et mettez le panier dans la cuve. Lancez le mode **CUISSON SOUS PRESSION** pour **8 MIN**. Réservez au frais.

Dans un saladier, mélangez le jus d'orange, la moutarde, le vinaigre, le persil et les graines de tournesol.

Ajoutez les pois chiches rincés et égouttés, puis les dés de courge refroidis. Salez, poivrez et dégustez bien frais.

SALADE CROQUANTE DE LÉGUMES VERTS

4 PERSONNES • PRÉPARATION 10 MIN • CUISSON 7 MIN

150 g de haricots verts
150 g de pois gourmands
5 asperges vertes
100 g de petits pois écossés
1 oignon rouge

Pour la vinaigrette
3 cuil. à soupe de tomates concassées en conserve
1 cuil. à soupe de vinaigre de vin
1 cuil. à café d'huile d'olive
10 feuilles de basilic
sel, poivre

Équeutez les haricots verts et coupez les asperges en deux. Placez les haricots, les asperges, les pois gourmands et les petits pois dans le **PANIER VAPEUR**. Rincez-les.

Versez 20 cl d'eau dans la cuve du robot, puis installez le **PANIER VAPEUR**. Lancez le mode **CUISSON SOUS PRESSION** pour **7 MIN**. À la fin de la cuisson, passez les légumes sous l'eau froide pour stopper la cuisson, puis laissez-les refroidir.

Ciselez le basilic. Dans un bol, mélangez les tomates concassées avec le vinaigre, l'huile d'olive et 1 cuil. à soupe d'eau. Salez et poivrez, puis incorporez le basilic ciselé.

Servez les légumes avec la vinaigrette.

SALADE DE BETTERAVE À LA FETA

4 PERSONNES • PRÉPARATION 15 MIN • CUISSON 30 MIN

4 petites betteraves crues
2 poignées de mâche
80 g de feta
8 radis
2 cuil. à soupe de graines de tournesol
1 cuil. à café de gros sel

Pour la sauce

1 cuil. à café de moutarde à l'ancienne
2 cuil. à soupe de jus d'orange
1 cuil. à soupe de vinaigre balsamique
1 cuil. à café d'huile de sésame
sel, poivre

Lavez les betteraves en prenant soin de ne pas abîmer la peau. Versez le gros sel dans la cuve du robot, puis mettez les betteraves. Recouvrez-les d'eau froide. Lancez le mode **CUISSON SOUS PRESSION** pour **30 MIN**. À la fin de la cuisson, égouttez les betteraves, puis laissez-les refroidir. Pelez-les une fois froides, puis coupez-les en dés.

Dans un bol, mélangez la moutarde avec le jus d'orange et le vinaigre balsamique. Ajoutez l'huile de sésame, salez et poivrez.

Lavez et essorez la mâche. Coupez la feta en dés et les radis en rondelles. Dans un saladier, mélangez délicatement la sauce et tous les ingrédients.

VARIANTE

Placez la feta dans un plat à gratin avec 1 cuil. à soupe d'huile d'olive. Ajoutez quelques brins de thym et faites-la griller au four 15 min à 200 °C (th. 6/7).

SALADE DE FARFALLES COMPLÈTES AUX LÉGUMES

4 PERSONNES • PRÉPARATION 10 MIN • CUISSON 9 MIN

300 g de farfalles complètes
½ aubergine
100 g de tomates cerise
1 poivron rouge
10 olives noires dénoyautées
30 cl de bouillon de volaille dégraissé (recette p. 170)
1 gousse d'ail
1 cuil. à café d'huile d'olive
sel, poivre

Lavez et coupez l'aubergine en petits dés. Coupez les tomates cerise en deux. Lavez, épépinez et émincez le poivron. Détaillez les olives noires en rondelles.

Mettez tous les légumes, les olives et l'huile d'olive dans la cuve du robot, puis, en mode **DORER**, faites revenir pendant **1 MIN**.

Ajoutez les pâtes, mélangez et versez le bouillon. Lancez le mode **CUISSON SOUS PRESSION** pour **8 MIN**.

Pelez et hachez la gousse d'ail. Égouttez les pâtes et les légumes, ajoutez l'ail, du sel et du poivre et mélangez avant de servir.

SALADE DE LENTILLES BELUGA, FENOUIL MARINÉ AUX ÉPICES

4 PERSONNES • PRÉPARATION 15 MIN • CUISSON 15 MIN • MARINADE 2 H

200 g de lentilles beluga
1 cube de bouillon de légumes
1 échalote

Pour le fenouil mariné
1 fenouil
2 cuil. à soupe de jus d'orange
1 cuil. à soupe de jus de citron
1 cuil. à soupe d'huile d'olive
1 pincée de curry
1 pincée de paprika
1 pincée de cumin
sel, poivre

Lavez le fenouil. À l'aide d'une mandoline, émincez-le très finement. Placez les tranches dans un plat, puis arrosez-les avec le jus d'orange, le jus de citron, l'huile d'olive et les épices. Salez, poivrez et mélangez bien. Placez au réfrigérateur au moins 2 h.

Pelez l'échalote. Rincez les lentilles sous l'eau froide, puis mettez-les dans la cuve du robot avec l'échalote. Couvrez-les d'eau froide et émiettez le cube de bouillon. Lancez la **CUISSON SOUS PRESSION** pour **15 MIN**.

À la fin de la cuisson, égouttez les lentilles et laissez-les refroidir. Ajoutez le fenouil et mélangez. Servez frais.

SALADE DE LENTILLES À LA TRUITE FUMÉE

4 PERSONNES • PRÉPARATION 15 MIN • CUISSON 10 MIN

300 g de lentilles vertes

Pour la sauce

1 oignon

quelques brins de coriandre

1 cuil. à soupe de moutarde

2 cuil. à soupe de jus de citron

1 cuil. à café d'huile de colza

2 cuil. à soupe de bouillon de légumes

2 tranches de truite fumée

poivre

Rincez les lentilles sous l'eau froide et mettez-les dans la cuve du robot. Versez 1 litre d'eau et faites cuire en mode **CUISSON SOUS PRESSION** pendant **10 MIN**.

À la fin de la cuisson, égouttez les lentilles et laissez-les refroidir.

Préparez la sauce : pelez et hachez l'oignon. Ciselez la coriandre. Dans un bol, mélangez la moutarde, le jus de citron, l'huile et le bouillon de légumes. Incorporez l'oignon et poivrez.

Coupez les tranches de truite en petits morceaux et ajoutez-les aux lentilles froides. Arrosez de sauce et mélangez. Servez saupoudré de coriandre ciselée.

SALADE DE POMMES DE TERRE AUX MAQUEREAUX

4 PERSONNES • PRÉPARATION 15 MIN • CUISSON 13 MIN

400 g de pommes de terre
100 g de pois gourmands
100 g de haricots verts
2 filets de maquereaux fumés au poivre

Pour la sauce
1 petite boîte de tomates concassées
1 cuil. à café de moutarde
1 cuil. à café de vinaigre de vin
1 cuil. à café d'huile de colza
sel, poivre

Préparez la sauce : dans un petit bol, mélangez les tomates, la moutarde, le vinaigre et l'huile de colza. Salez et poivrez. Réservez la sauce au réfrigérateur.

Pelez et coupez les pommes de terre en cubes. Lavez les pois gourmands. Mettez les légumes dans le **PANIER VAPEUR**, les pois sur les pommes de terre.

Versez de l'eau dans la cuve du robot, puis installez le panier. Lancez la **CUISSON SOUS PRESSION** pour **13 MIN**.

À la fin de la cuisson, laissez tiédir les légumes.

Coupez les filets de maquereaux en morceaux. Versez la sauce dans un saladier, puis ajoutez les légumes et les morceaux de maquereaux. Salez et poivrez. Mélangez délicatement pour bien enrober le tout.

CAPONATA

6 PERSONNES • PRÉPARATION 15 MIN • CUISSON 18 MIN

- 3 aubergines
- 3 branches de céleri
- 3 tomates
- 1 oignon rouge
- 3 gousses d'ail
- 100 g d'olives vertes dénoyautées
- 2 cuil. à soupe de câpres
- 2 cuil. à soupe de pignons de pin
- 2 cuil. à soupe de concentré de tomate
- 1 cuil. à soupe d'huile d'olive
- 1 cuil. à soupe de vinaigre de vin
- 1 cuil. à soupe de sirop d'agave
- sel, poivre

Lavez et coupez les aubergines en dés. Mettez-les dans le **PANIER VAPEUR**. Versez 20 cl d'eau dans la cuve du robot, puis posez le panier dans la cuve. Lancez le mode **CUISSON SOUS PRESSION** pour **6 MIN**.

Pendant ce temps, émincez le céleri et coupez les tomates en dés. Pelez et émincez l'oignon et l'ail. Coupez les olives en rondelles.

À la fin de la cuisson, videz l'eau de la cuve, puis faites chauffer en mode **DORER**. Faites revenir l'ail, le céleri et l'oignon **2 MIN**. Ajoutez les dés de tomate, les aubergines, les câpres, les pignons, le concentré de tomate, l'huile, le vinaigre, le sirop d'agave et versez 10 cl d'eau. Mélangez et lancez le mode **CUISSON SOUS PRESSION** pour **10 MIN**. Servez tiède ou froid.

ASTUCE

La caponata se déguste sur des toasts de pain grillé.

TABOULÉ VERT AUX RAISINS SECS

4 PERSONNES • PRÉPARATION 20 MIN • CUISSON 5 MIN

200 g de boulgour
2 cuil. à soupe de concentré de tomate
½ chou-fleur
½ concombre
2 tomates
2 oignons
50 g de raisins secs
1 petit bouquet de persil plat
10 feuilles de menthe
1 cuil. à café d'huile de colza
1 cuil. à café d'huile d'olive
1 cuil. à soupe de jus de citron
sel, poivre

Versez le boulgour dans la cuve du robot, puis ajoutez le concentré de tomate. Recouvrez d'eau et mélangez. Lancez le mode **CUISSON SOUS PRESSION** pour **5 MIN**. À la fin de la cuisson, égouttez si nécessaire et laissez refroidir.

Nettoyez le chou-fleur, puis râpez (à l'aide d'une mandoline) les bouquets. Lavez et épépinez le concombre, taillez-le en petits dés. Coupez les tomates en petits dés. Pelez et émincez les oignons. Lavez et hachez la menthe et le persil.

Mettez le boulgour dans un saladier, puis ajoutez les dés de concombre, de tomate et le chou-fleur râpé. Incorporez les herbes hachées, les raisins secs et l'oignon. Versez les huiles et le jus de citron. Salez, poivrez et mélangez bien.

Réservez au réfrigérateur jusqu'au moment de servir.

TERRINE DE SAUMON AU FROMAGE FRAIS

4 PERSONNES • PRÉPARATION 25 MIN • CUISSON 28 MIN • RÉFRIGÉRATION 1 H

600 g de pavés de saumon

3 petits fromages Carré Frais® 0 % (75 g)

2 œufs

1 cuil. à soupe de fécule de maïs

1 cuil. à soupe de crème de soja cuisine

1 cuil. à soupe de persil frais haché

1 cuil. à café d'aneth frais haché

sel, poivre

Placez les pavés de saumon dans le **PANIER VAPEUR** recouvert de papier sulfurisé. Versez 25 cl d'eau dans la cuve du robot et mettez le panier. Lancez le mode **CUISSON SOUS PRESSION** pour **6 MIN**.

Laissez le poisson tiédir, puis émiettez-le dans un saladier en retirant la peau et les arêtes s'il y en a. Ajoutez les œufs, les fromages frais, la fécule de maïs, la crème de soja et les herbes hachées. Salez, poivrez et mélangez délicatement. Répartissez la préparation dans 4 ramequins et recouvrez-les de papier sulfurisé.

Placez les ramequins dans le **PANIER VAPEUR** en veillant à ce qu'il reste suffisamment d'eau dans la cuve du robot, puis lancez le mode **CUISSON SOUS PRESSION** pour **22 MIN**. Laissez refroidir et réservez 1 h au frais avant de déguster.

ASTUCE

Servez avec la mayonnaise sans huile (recette p. 172).

SALADE DE RAIE ET COURGETTES AUX CÂPRES

4 PERSONNES • PRÉPARATION 10 MIN • CUISSON 10 MIN

2 ailes de raie
1 laitue
1 courgette
1 oignon
1 feuille de laurier

Pour la sauce
2 cuil. à soupe de jus de citron
1 cuil. à soupe d'huile d'olive
1 cuil. à soupe de bouillon de légumes
1 cuil. à soupe de câpres
quelques brins d'aneth
sel, poivre

Pelez et émincez l'oignon. Mettez-le dans le **PANIER VAPEUR** avec le laurier, puis posez l'aile de raie dessus. Salez et poivrez. Versez 20 cl d'eau dans la cuve du robot, puis installez le panier. Lancez le mode **CUISSON SOUS PRESSION** pour **10 MIN**.

À la fin de la cuisson, déposez l'aile de raie dans un plat et laissez-la tiédir. Récupérez la chair du poisson et réservez.

Lavez et essorez la laitue, puis coupez-la en lanières. Lavez et taillez la courgette en petits dés.

Dans un bol, mélangez le jus de citron avec l'huile d'olive et le bouillon de légumes. Ajoutez l'aneth haché et les câpres. Salez et poivrez.

Dans chaque assiette, déposez un peu de laitue, des dés de courgette et quelques morceaux de raie. Arrosez de sauce, puis dégustez.

SALADE DE CREVETTES RÔTIES AU GINGEMBRE

4 PERSONNES • PRÉPARATION 10 MIN • MARINADE 30 MIN • CUISSON 3 MIN

2 avocats
1 pamplemousse rose
3 petits oignons
le jus d'½ citron

Pour les crevettes rôties au gingembre
12 crevettes décortiquées
1 cuil. à soupe de lait de coco allégé
1 cuil. à café de gingembre moulu
sel, poivre

Dans un bol, mélangez le lait de coco, du sel, du poivre, le gingembre, puis enrobez les crevettes de cette préparation. Laissez mariner au frais pendant 30 min.

Pelez et coupez les avocats en lamelles. Levez les suprêmes du pamplemousse. Réservez au frais.

Pelez et émincez les oignons.

Faites chauffer le robot en mode **DORER**, et laissez revenir les crevettes marinées avec les oignons pendant **3 MIN**.

Dans les assiettes, répartissez l'avocat et les suprêmes de pamplemousse, puis déposez les crevettes chaudes. Arrosez d'un filet de jus de citron et servez aussitôt.

SALADE DE THON ROUGE MARINÉ AU COMBAVA

4 PERSONNES • PRÉPARATION 15 MIN • MARINADE 1 H • CUISSON 4 MIN

600 g de thon rouge
150 g de pousses d'épinards
quelques graines germées

Pour la marinade
½ poivron rouge
1 cm de racine de gingembre
1 gousse d'ail
1 combava bio
1 cuil. à soupe de sauce soja
1 cuil. à café de vinaigre de riz
1 cuil. à soupe de jus de citron
1 cuil. à soupe d'huile d'olive

Pelez et hachez le gingembre et la gousse d'ail. Coupez le poivron en petits dés. Râpez le zeste du combava. Coupez le thon rouge en dés.

Dans un saladier, mélangez la sauce soja, le vinaigre, le jus de citron et l'huile d'olive. Ajoutez l'ail, le gingembre, les zestes du combava, les dés de poivron et mélangez bien. Intégrez le thon et laissez mariner 1 h au réfrigérateur.

Faites chauffer le robot en mode **DORER** et versez dans la cuve le thon et sa marinade. Faites revenir **2 MIN**, puis prolongez la cuisson en mode **CUISSON SOUS PRESSION** pendant **2 MIN**.

Répartissez les pousses d'épinards dans les assiettes, puis déposez dessus quelques dés de thon rouge mariné. Saupoudrez de graines germées.

SALADE NIÇOISE TIÈDE

4 PERSONNES • PRÉPARATION 15 MIN • CUISSON 8 MIN

3 steaks de thon rouge de 180 g environ
4 œufs
200 g de haricots verts frais
1 poivron rouge
10 tomates cerise
8 filets d'anchois
150 g d'olives de Nice
1 bouquet de basilic
le jus d'½ citron
1 cuil. à soupe d'huile d'olive
sel, poivre

Mettez les œufs dans la cuve du robot avec une grosse pincée de sel. Recouvrez-les d'eau et lancez le mode **CUISSON SOUS PRESSION** pour **4 MIN**. À la fin de la cuisson, laissez les œufs tiédir, puis écalez-les.

Équeutez les haricots verts. Lavez, épépinez et coupez le poivron en lanières. Lavez et coupez les tomates cerise en deux.

Déposez les steaks de thon dans le **PANIER VAPEUR**, puis ajoutez les haricots verts, les lanières de poivron et les tomates cerise.

Versez 20 cl d'eau dans la cuve du robot, puis installez le panier. Faites cuire en mode **CUISSON SOUS PRESSION** pendant **4 MIN**.

À la fin de la cuisson, mettez le thon et les légumes dans un plat, puis ajoutez les œufs coupés en deux, les filets d'anchois et les olives. Arrosez avec le jus de citron et l'huile d'olive. Salez et poivrez généreusement et saupoudrez de basilic ciselé. Dégustez tiède.

SALADE CÉSAR LÉGÈRE

4 PERSONNES • PRÉPARATION 15 MIN • CUISSON 12 MIN

4 filets de poulet
1 laitue romaine
4 tranches de pain rassis
quelques tomates cerise
20 g de copeaux de parmesan

Pour la sauce
1 jaune d'œuf
½ gousse d'ail
1 petit-suisse
1 cuil. à soupe de jus de citron
1 cuil. à soupe de moutarde de Dijon
2 cuil. à soupe d'huile d'olive
sel, poivre

Coupez en morceaux les filets de poulet, puis placez-les dans la cuve du robot. Programmez le mode **DORER** et faites revenir les blancs de poulet pendant **12 MIN** en remuant régulièrement. Réservez-les.

Grillez le pain rassis, puis coupez-le en petits croûtons. Pelez et pressez la demi-gousse d'ail.

Dans un saladier, mélangez le jaune d'œuf et le jus de citron. Ajoutez le petit-suisse, la moutarde et mélangez. Salez, poivrez. Versez en filet l'huile d'olive pour émulsionner la sauce. Intégrez l'ail haché, puis mélangez.

Coupez grossièrement la laitue lavée et essorée. Versez-la dans le saladier et mélangez avec la sauce. Déposez les morceaux de poulet et les croûtons. Ajoutez les tomates cerise coupées en deux et les copeaux de parmesan.

VARIANTE

Grâce au robot, vous obtiendrez un filet de poulet bien doré sans ajout de matière grasse !

SALADE DE RIZ AU POULET MARINÉ

4 PERSONNES • PRÉPARATION 10 MIN • MARINADE 2 H • CUISSON 19 MIN

4 aiguillettes de poulet
200 g de riz rond
25 g de pousses de soja
3 cuil. à soupe de fromage blanc à 0 %
2 cuil. à soupe de sauce sweet chili
2 cuil. à soupe de vinaigre balsamique
3 brins de ciboulette
45 cl de bouillon de légumes
sel, poivre

Dans une assiette creuse, mélangez 1 cuil. à soupe de fromage blanc, 1 cuil. à soupe de sauce sweet chili et le vinaigre balsamique. Ajoutez les aiguillettes de poulet coupées en morceaux. Mélangez de façon à ce que le poulet soit bien enrobé. Filmez et placez au frais pour 2 h.

Versez le bouillon de légumes et le riz dans la cuve. Faites cuire en mode **CUISSON SOUS PRESSION** pendant **9 MIN**. À la fin de la cuisson, laissez tiédir, puis réservez au frais.

Faites chauffer le robot en mode **DORER** et faites cuire le poulet et sa marinade pendant **10 MIN**. Remuez régulièrement avec une cuillère en bois. Réservez.

Dans un saladier, mélangez le reste du fromage blanc avec la sauce sweet chili. Ajoutez les pousses de soja, le riz et le poulet. Ciselez la ciboulette et mélangez bien le tout. Salez et poivrez à votre convenance.

SALADE THAÏE AU BŒUF

4 PERSONNES • PRÉPARATION 20 MIN • CUISSON 4 MIN

200 g d'onglet de bœuf
4 sucrines
½ poivron rouge
2 tiges de ciboule
1 petit oignon
2 cm de racine de gingembre
1 petit bouquet de coriandre
graines de sésame
1 cuil. à café d'huile d'olive

Pour la sauce
1 gousse d'ail
1 petit piment (facultatif)
2 cuil. à soupe de nuoc-mâm
1 cuil. à soupe de vinaigre de riz
sel, poivre

Pelez la gousse d'ail, puis pressez-la. Hachez très finement le piment. Dans un bol, mélangez le nuoc-mâm, le vinaigre, l'ail pressé et le piment. Salez et poivrez, puis réservez.

Lavez les sucrines, retirez les feuilles extérieures si elles sont abîmées, puis émincez-les. Détaillez le poivron en brunoise. Émincez la ciboule. Pelez et émincez l'oignon. Pelez et hachez le gingembre. Coupez l'onglet en lanières.

Versez l'huile d'olive dans la cuve du robot et faites-la chauffer en mode **DORER**, puis faites revenir l'oignon et le gingembre pendant **1 MIN** en mélangeant. Ajoutez le bœuf et faites-le revenir **2-3 MIN**.

Dans chaque assiette, déposez de la sucrine, des dés de poivron, puis quelques morceaux de viande. Arrosez de sauce, parsemez de coriandre ciselée, de ciboule et de graines de sésame.

BOUILLON AU SARRASIN ET MAQUEREAU FUMÉ

4 PERSONNES • PRÉPARATION 10 MIN • CUISSON 4 MIN

120 g de sarrasin grillé
2 filets de maquereaux fumés au poivre
1 poireau
4 champignons de Paris
1 gousse d'ail
1 l de bouillon de légumes
1 poignée de pousses d'épinards
sel, poivre

Coupez le poireau en fines lanières. Rincez-le.

Lavez et émincez les champignons. Pelez et écrasez la gousse d'ail.

Dans la cuve du robot, mettez les champignons, le poireau, l'ail et le bouillon de légumes, salez, poivrez. Ajoutez le sarrasin et lancez le mode **CUISSON SOUS PRESSION** pour **4 MIN**.

Retirez la peau des maquereaux et détaillez les filets en petits morceaux.

Servez le bouillon dans des bols, ajoutez les dés de maquereaux et quelques pousses d'épinards.

BOUILLON DE COQUES

4 PERSONNES • PRÉPARATION 15 MIN • CUISSON 20 MIN

1,2 kg de coques
2 navets
100 g de petits pois écossés
100 de pois gourmands
6 tranches de chorizo

Pour le bouillon
1 poireau
1 bouquet de persil
1 branche de céleri
1 gousse d'ail
sel, poivre

Faites tremper les coques dans un grand volume d'eau froide salée. Changez d'eau plusieurs fois.

Préparez le bouillon : lavez et coupez grossièrement le poireau, le céleri et le persil. Pelez et écrasez la gousse d'ail.

Mettez les légumes dans la cuve du robot, versez 70 cl d'eau, puis salez et poivrez. Lancez le mode **CUISSON SOUS PRESSION** pour **15 MIN**. À la fin de la cuisson, filtrez le bouillon, puis remettez-le dans la cuve.

Pelez les navets et coupez-les en petits dés. Coupez le chorizo en petits dés. Mettez le chorizo, les navets, les petits pois et les pois gourmands dans le bouillon, dans la cuve. Lancez la **CUISSON SOUS PRESSION** pour **2 MIN**.

À la fin de la cuisson, lancez le programme **DORER**, puis mettez les coques dans le bouillon. Faites cuire **3-4 MIN** jusqu'à ce que les coques soient toutes ouvertes.

Répartissez les coques dans les assiettes creuses, puis versez le bouillon dessus. Servez aussitôt.

BOUILLON DE LÉGUMES ET POUSSES D'ÉPINARDS

4 PERSONNES • PRÉPARATION 10 MIN • CUISSON 12 MIN

5 topinambours
1 carotte
1 pomme de terre
75 cl de bouillon de légumes
100 g de pousses d'épinards fraîches
sel, poivre

Pelez et coupez les topinambours, la carotte et la pomme de terre en morceaux.

Placez les légumes dans la cuve du robot et versez le bouillon. Lancez le mode **CUISSON SOUS PRESSION** pour **12 MIN**.

À la fin de la cuisson, mixez pour obtenir une texture veloutée. Salez légèrement et poivrez.

Servez en ajoutant les pousses d'épinards fraîches.

BOUILLON THAÏ AU POULET

4 PERSONNES • PRÉPARATION 15 MIN • CUISSON 8 MIN

200 g de poulet
6 asperges vertes
300 g de champignons de Paris
6 mini-épis de maïs
2 cm de racine de gingembre
1 gousse d'ail
1 cuil. à soupe de jus de citron vert
1 bâton de citronnelle
1,5 l de bouillon de volaille dégraissé (recette p. 170)
150 g de pousses de soja
1 bouquet de coriandre

Coupez le poulet en petits dés. Lavez les asperges, retirez l'extrémité dure et coupez-les en rondelles. Lavez et coupez les champignons de Paris en quatre. Lavez les maïs. Pelez et écrasez le gingembre et l'ail.

Faites chauffer la cuve en mode **DORER**. Ajoutez l'ail, le gingembre et le poulet. Faites cuire **1 MIN** en mélangeant. Intégrez le jus de citron, la citronnelle et versez le bouillon de volaille. Incorporez les épis maïs et lancez la **CUISSON SOUS PRESSION** pour **5 MIN**.

À la fin de la cuisson, ajoutez les champignons, les asperges et remettez à cuire **1 MIN SOUS PRESSION**. Retirez la citronnelle.

Servez avec les pousses de soja et la coriandre ciselée.

SOUPE MISO

4 PERSONNES • PRÉPARATION 10 MIN • CUISSON 6 MIN

1 carotte
1 oignon
1 poireau
100 g de champignons de Paris
60 cl de bouillon dashi
2 cuil. à soupe rases de pâte de miso
1 cuil. à café d'huile de sésame
sel, poivre

Pelez et émincez finement la carotte et l'oignon. Lavez et coupez le poireau en fines rondelles. Pelez et émincez les champignons de Paris.

Versez l'huile de sésame dans la cuve du robot et faites-la chauffer en mode **DORER**. Faites revenir les poireaux, l'oignon et les carottes pendant **2 MIN**.

Versez le bouillon dashi, incorporez la pâte de miso et faites cuire en mode **CUISSON SOUS PRESSION** pendant **4 MIN**.

À la fin de la cuisson, ajoutez les champignons de Paris et laissez reposer 2 min. Salez et poivrez, puis servez.

ASTUCE

Le dashi est un bouillon d'alges kombu et de bonite. On le trouve en sachet dans les épiceries spécialisées.

RAMEN

4 PERSONNES • PRÉPARATION 10 MIN • CUISSON 7 MIN

250 g de nouilles japonaises précuites
1 côte d'échine de porc
2 carottes
6 champignons de Paris
1 oignon
80 g de pousses de soja
80 cl de bouillon de légumes
2 cuil. à soupe de sauce soja
quelques brins de coriandre

Pelez et coupez les carottes en fines rondelles. Pelez et émincez les champignons. Émincez le porc. Pelez et émincez l'oignon.

Mettez les carottes, les champignons et le porc dans la cuve du robot. Versez le bouillon de légumes et la sauce soja. Lancez la **CUISSON SOUS PRESSION** pour **5 MIN**.

À la fin de la cuisson, ajoutez les nouilles et les pousses de soja. Sélectionnez le mode **MIJOTER** et faites cuire pendant **2 MIN**.

Servez avec un peu d'oignon émincé et de la coriandre ciselée.

VARIANTE

Vous pouvez ajouter 1 œuf mollet dans chaque bol au moment de servir.

MINESTRONE À L'ORGE

4 PERSONNES • PRÉPARATION 15 MIN • CUISSON 26 MIN

200 g d'orge perlé
2 carottes
2 courgettes
150 g de petits pois écossés
150 g de fèves pelées
1 oignon
1 gousse d'ail
2 feuilles de laurier
1,5 l de bouillon de volaille dégraissé (recette p. 170)
2 cuil. à soupe de concentré de tomate
1 bouquet de basilic
1 cuil. à café d'huile d'olive
poivre

Rincez l'orge sous l'eau froide. Pelez et hachez l'oignon et la gousse d'ail.

Versez l'huile d'olive dans la cuve du robot et faites-la chauffer en mode **DORER**. Ajoutez l'ail et l'oignon et faites-les revenir **2 MIN**. Intégrez l'orge perlé, le laurier et versez le bouillon de volaille. Faites cuire en mode **CUISSON SOUS PRESSION** pendant **15 MIN**.

Pendant ce temps, pelez les carottes. Coupez tous les légumes en petits dés.

À la fin de la cuisson, incorporez le concentré de tomate, tous les légumes et la moitié du basilic ciselé et poivrez. Prolongez la **CUISSON SOUS PRESSION** de **6 MIN**.

Servez aussitôt parsemé du reste de basilic.

SOUPE DE LÉGUMES

4 PERSONNES • PRÉPARATION 10 MIN • CUISSON 12 MIN

1 panais
500 g de potiron
3 pommes de terre
1 échalote
75 cl de bouillon de volaille dégraissé (recette p. 170)
1 pincée de curry
sel, poivre

Épluchez et coupez le panais, le potiron et les pommes de terre en petits morceaux. Pelez l'échalote et coupez-la en deux.

Mettez les légumes dans la cuve du robot et versez le bouillon.

Lancez la **CUISSON SOUS PRESSION** pour **12 MIN**.

À la fin de la cuisson, salez, poivrez et ajoutez le curry. Mixez à votre convenance et servez bien chaud.

ASTUCE

Vous pouvez réaliser cette soupe avec d'autres légumes (poireau, carotte, chou, par exemple) en veillant à avoir 600 à 700 g de légumes.

SOUPE DE COURGETTES AUX GRAINES DE COURGE

4 PERSONNES • PRÉPARATION 10 MIN • CUISSON 10 MIN

3 courgettes
1 oignon
1 poignée de graines de courge
1 cuil. à soupe de sauce soja
40 cl de bouillon de légumes
poivre

Faites chauffer le robot en mode **DORER** et faites revenir très rapidement les graines de courge dans la sauce soja, **1 MIN**. Réservez.

Pelez et coupez l'oignon en morceaux.

Rincez et coupez les courgettes en gros morceaux. Déposez-les au fond de la cuve du robot et arrosez-les avec le bouillon. Ajoutez l'oignon.

Lancez le mode **CUISSON SOUS PRESSION** pour **9 MIN**.

À la fin de la cuisson, mixez la soupe et servez-la parsemée des graines de courge croquantes, puis poivrez.

SOUPE COMPLÈTE AUX PETITS POIS ET ORGE PERLÉ

4 PERSONNES • PRÉPARATION 5 MIN • TREMPAGE 12 H • CUISSON 15 MIN

90 g d'orge perlé
150 g de petits pois
1 oignon
2 cuil. à soupe de graines de tournesol décortiquées
80 cl de bouillon de légumes
quelques brins d'origan
sel, poivre

Faites tremper l'orge pendant 12 h.

Dans la cuve du robot, faites griller les graines de tournesol **1 MIN** en mode **DORER**, puis réservez-les.

Pelez et émincez l'oignon et déposez-le dans la cuve du robot, avec les petits pois, l'origan et l'orge égouttée. Salez et poivrez.

Versez le bouillon et faites cuire en mode **CUISSON SOUS PRESSION** pendant **15 MIN**.

Mixez finement au blender, répartissez dans des assiettes creuses, puis déposez quelques graines de tournesol grillées sur la soupe. Dégustez bien chaud.

SOUPE D'ÉPINARDS À LA BROUSSE

4 PERSONNES • PRÉPARATION 10 MIN • CUISSON 9 MIN

400 g d'épinards frais
100 g de brousse
2 cubes de bouillon de légumes
sel, poivre

Rincez et retirez les tiges des épinards. Essorez-les, puis mettez-les dans la cuve du robot.

Versez 50 cl d'eau, émiettez les cubes de bouillon et faites cuire en mode **CUISSON SOUS PRESSION** pendant **9 MIN**. Mixez rapidement, puis reversez dans la cuve.

Émiettez la brousse et faites-la fondre dans la soupe en mode **RÉCHAUFFER** pendant quelques minutes. Mélangez régulièrement. Salez, poivrez et servez sans attendre.

ASTUCE

Vous pouvez aussi utiliser 50 cl du bouillon de légumes au curcuma (recette p. 168). Ajoutez quelques graines de sésame ou de tournesol au moment de servir.

SOUPE AU PISTOU

4 PERSONNES • PRÉPARATION 15 MIN • CUISSON 10 MIN

150 g de haricots verts
200 g de haricots blancs en conserve
1 pomme de terre
1 courgette
8 tomates cerise
1 branche de céleri
70 cl de bouillon de volaille dégraissé (recette p. 170)

Pour le pistou
2 gousses d'ail
4 brins de persil
½ bouquet de basilic
1 cuil. à soupe d'huile d'olive
1 cuil. à soupe de pignons de pin
sel, poivre

Équeutez les haricots verts et coupez-les en morceaux. Pelez la pomme de terre et coupez-la en petits dés. Taillez la courgette et taillez-la en rondelles, puis recoupez chaque rondelle en deux. Rincez et égouttez les haricots blancs. Lavez et coupez les tomates cerise en deux. Émincez le céleri.

Dans la cuve du robot, mettez les dés de pomme de terre, le céleri, les haricots verts et les courgettes. Versez le bouillon de volaille et lancez la **CUISSON SOUS PRESSION** pour **8 MIN**. Pelez les gousses d'ail et lavez les herbes. Mixez l'ail avec les herbes, l'huile d'olive et les pignons de pin. Salez et poivrez.

À la fin de la cuisson, ajoutez les haricots blancs et les tomates dans la cuve du robot. Faites cuire en fonction **MIJOTER** pendant **2 MIN**. Servez avec 1 cuil. à soupe de pistou dans chaque assiette.

SOUPE DE POIVRONS AU BASILIC

4 PERSONNES • PRÉPARATION 10 MIN • CUISSON 25 MIN

1 poivron jaune
2 poivrons rouges
1 oignon blanc
50 cl de bouillon de légumes
10 feuilles de basilic
1 cuil. à café d'huile d'olive
sel, poivre

Lavez et épépinez les poivrons, puis coupez-les en lamelles. Pelez et coupez l'oignon en morceaux.

Versez l'huile d'olive dans la cuve du robot et faites-la chauffer en mode **DORER**. Faites revenir l'oignon avec l'huile d'olive pendant **2 MIN**. Ajoutez les lamelles de poivrons et faites revenir pendant **3 MIN** en remuant régulièrement.

Versez le bouillon, le basilic, salez, poivrez, puis lancez le mode **CUISSON SOUS PRESSION** pour **20 MIN**.

À la fin de la cuisson, mixez rapidement et servez bien chaud.

ASTUCE

Ajoutez une quenelle de ricotta ou de fromage frais allégé au moment de servir.

VELOUTÉ DE TOMATE, COURGETTE ET BASILIC

4 PERSONNES • PRÉPARATION 10 MIN • CUISSON 10 MIN

80 g de tomates bien mûres
1 courgette
1 oignon
1 gousse d'ail
1 cuil. à café de sel
1 cuil. à café de sucre
1 bouquet de basilic
1 cuil. à café d'huile d'olive

Pelez et coupez l'oignon et l'ail en morceaux. Lavez et coupez grossièrement les tomates et la courgette.

Versez l'huile d'olive dans la cuve du robot et faites-la chauffer en mode **DORER**. Faites revenir l'ail et l'oignon pendant **2 MIN**, ajoutez les tomates et la courgette et faites revenir quelques instants. Ajoutez le sucre, le sel et 10 cl d'eau, puis lancez le mode **CUISSON SOUS PRESSION** pour **8 MIN**.

À la fin de la cuisson, ajoutez les feuilles de basilic et mixez.

VARIANTE

Émiettez des gressins aux olives sur les soupes au moment de servir.

VELOUTÉ DE PETITS POIS ET MOZZARELLA

4 PERSONNES • PRÉPARATION 10 MIN • CUISSON 9 MIN

300 g de petits pois surgelés
1 boule de mozzarella allégée
1 oignon
55 cl de bouillon de légumes
10 brins de ciboulette
sel, poivre

Épluchez et émincez l'oignon.

Placez-le dans la cuve du robot, ajoutez les petits pois et le bouillon. Lancez le mode **CUISSON SOUS PRESSION** pour **9 MIN**.

Mixez la soupe et reversez-la dans la cuve, en fonction **MAINTIEN AU CHAUD**.

Coupez la mozzarella en petits morceaux et mettez-la dans la soupe. Salez et poivrez. Laissez fondre le fromage en mélangeant de temps en temps.

Servez aussitôt en parsemant de ciboulette ciselée.

VARIANTE

Pour un repas complet, déposez un œuf mollet dans chaque assiette.

SOUPE DE MAÏS

4 PERSONNES • PRÉPARATION 10 MIN • CUISSON 18 MIN

3 épis de maïs frais
2 pommes de terre
1 oignon
1 branche de céleri
30 cl de lait
1 cuil. à soupe de fécule de maïs
1 feuille de laurier
1 pincée de paprika
1 cuil. à café d'huile de tournesol

Pelez l'oignon et les pommes de terre. Émincez l'oignon et le céleri et coupez les pommes de terre en brunoise.

Versez l'huile d'olive dans la cuve du robot et faites-la chauffer en mode **DORER**. Faites revenir l'oignon, les pommes de terre, le céleri et le paprika pendant **2 MIN**. Versez 50 cl d'eau, ajoutez la feuille de laurier et lancez le mode **CUISSON SOUS PRESSION** pour **8 MIN**.

Délayez la fécule de maïs dans le lait. Retirez les grains de maïs avec un couteau.

À la fin de la cuisson, ajoutez le maïs dans la cuve avec le lait. Programmez le mode **MIJOTER** et faites cuire pendant **10 MIN**. Mélangez et servez.

VARIANTE

Ajoutez quelques lamelles de champignons de Paris au moment de servir.

VELOUTÉ DE BUTTERNUT ET NOISETTES CONCASSÉES

4 PERSONNES • PRÉPARATION 10 MIN • CUISSON 12 MIN

1 courge butternut
1 carotte
1 pomme de terre
1 oignon
50 cl de bouillon de volaille dégraissé (recette p. 170)
1 poignée de noisettes
sel, poivre

Pelez et coupez la carotte et la pomme de terre. Épluchez et coupez la courge en gros morceaux. Pelez et coupez l'oignon en quartiers.

Placez tous les légumes dans la cuve du robot. Versez le bouillon, puis faites cuire en mode **CUISSON SOUS PRESSION** pendant **12 MIN**.

En fin de cuisson, mixez le contenu de la cuve, salez, poivrez et versez dans des bols.

Concassez les noisettes en petits morceaux et parsemez-les sur la soupe.

ASTUCE

Vous pouvez toaster les noisettes concassées dans la cuve en mode **DORER** pendant 1 à 2 minutes en remuant constamment.

VELOUTÉ AUX LÉGUMES D'HIVER

4 PERSONNES • PRÉPARATION 10 MIN • CUISSON 12 MIN

400 g de patates douces
2 carottes
2 poireaux
1 oignon jaune
45 cl de bouillon de légumes
quelques brins de persil frais
sel, poivre

Pelez et coupez en morceaux les carottes, les patates douces et l'oignon. Rincez et coupez les poireaux en gros tronçons.

Placez tous les légumes dans la cuve du robot et arrosez avec le bouillon.

Lancez le mode **CUISSON SOUS PRESSION** pour **12 MIN**.

À la fin de la cuisson, mixez finement au blender, salez, poivrez. Servez la soupe bien chaude parsemée de persil ciselé.

SOUPE DE POIS CASSÉS À LA TRUITE FUMÉ

4 PERSONNES • PRÉPARATION 10 MIN • CUISSON 15 MIN

250 g de pois cassés
2 tranches de truite fumée
1 échalote
2 carottes
1 petite pomme de terre
1 cube de bouillon de légumes

Rincez plusieurs fois les pois cassés. Pelez l'échalote et coupez-la en deux. Pelez et coupez les carottes et la pomme de terre en morceaux.

Mettez les pois cassés, les carottes, l'échalote et la pomme de terre dans la cuve du robot. Versez 80 cl d'eau et ajoutez le cube de bouillon.

Lancez la **CUISSON SOUS PRESSION** pour **15 MIN**. À la fin de la cuisson, mixez finement la soupe.

Coupez les tranches de truite fumée en petits morceaux et intégrez-les dans la soupe au moment de servir.

VARIANTE

Vous pouvez ajouter un filet de lait de coco allégé dans la soupe.

SOUPE AUX CREVETTES ET LAIT DE COCO ALLÉGÉ

4 PERSONNES • PRÉPARATION 5 MIN • CUISSON 10 MIN

200 g de crevettes décortiquées
2 carottes
1 poivron rouge
1 oignon
75 cl de bouillon de légumes
2 cuil. à soupe de lait de coco allégé
1 petit bouquet de coriandre
1 cuil. à café d'huile de coco

Pelez et coupez les carottes en morceaux. Lavez et épépinez le poivron, puis coupez-le en morceaux. Pelez et émincez l'oignon.

Versez l'huile de coco dans la cuve du robot et faites-la chauffer en mode **DORER**, puis faites colorer les crevettes pendant **1 MIN**. Réservez.

Versez le bouillon et le lait de coco dans la cuve, puis ajoutez tous les légumes.

Lancez le mode **CUISSON SOUS PRESSION** pour **9 MIN**. À la fin de la cuisson, mixez la soupe, puis ajoutez les crevettes et la coriandre ciselée. Servez aussitôt.

VARIANTE

Ajoutez une poignée de pousses de soja dans chaque bol au moment de servir.

SOUPE DE CÉLERI, POIREAU ET CAROTTE

4 PERSONNES • PRÉPARATION 10 MIN • CUISSON 13 MIN

1 petite boule de céleri-rave
1 pomme de terre
2 carottes
1 poireau
75 cl de bouillon de volaille dégraissé (recette p. 170)
sel, poivre

Épluchez et coupez en gros morceaux le céleri et la pomme de terre. Placez-les dans la cuve du robot et arrosez avec le bouillon.

Pelez les carottes et coupez-les en brunoise. Rincez et émincez le poireau. Déposez la brunoise de carotte et les rondelles de poireau dans le **PANIER VAPEUR**, au-dessus du céleri. Salez et poivrez.

Lancez la **CUISSON SOUS PRESSION** pour **6 MIN**.

Retirez le **PANIER VAPEUR** et son contenu, puis relancez la **CUISSON SOUS PRESSION** pour **7 MIN**.

Mixez ensuite le céleri et son bouillon. Répartissez le bouillon dans des bols, puis ajoutez les petits légumes.

SOUPE D'HIVER AU SARRASIN

6 PERSONNES • PRÉPARATION 15 MIN • CUISSON 19 MIN

100 g de sarrasin grillé
2 pommes de terre
600 g de potiron
2 topinambours
2 navets
2 poireaux
80 cl de bouillon de légumes allégé
1 bouquet de persil
sel, poivre

Lavez et pelez les pommes de terre, le potiron, les topinambours, les navets, puis coupez-les en dés. Émincez les poireaux, puis rincez-les.

Versez le bouillon de légumes dans la cuve du robot, puis ajoutez tous les légumes. Lancez le mode **CUISSON SOUS PRESSION** pour **15 MIN**.

À la fin de la cuisson, mixez la soupe, puis ajoutez le sarrasin grillé. Prolongez la **CUISSON SOUS PRESSION** de **4 MIN**.

Servez la soupe bien chaude avec du persil ciselé.

VARIANTE

Remplacez le sarrasin par de l'orge ou des petites pâtes.

CRÈME D'ARTICHAUT AU PIMENT D'ESPELETTE

4 PERSONNES • PRÉPARATION 5 MIN • CUISSON 12 MIN

6 fonds d'artichauts en conserve ou surgelés

1 grosse pomme de terre

55 cl de bouillon de volaille dégraissé (recette p. 170)

¼ de cuil. à café de piment d'Espelette

sel, poivre

Coupez les cœurs d'artichauts en quatre.

Épluchez et coupez la pomme de terre en morceaux.

Mettez tous les légumes dans la cuve du robot, puis arrosez avec le bouillon.

Faites cuire en mode **CUISSON SOUS PRESSION** pendant **12 MIN**.

À la fin de la cuisson, mixez finement au blender, puis ajoutez le piment avant de servir.

CRÈME DE CHOU-FLEUR ET SÉSAME

4 PERSONNES • PRÉPARATION 5 MIN • CUISSON 11 MIN

½ chou-fleur
1 cuil. à soupe de gomasio
65 cl de lait d'avoine ou d'amande
1 pincée de muscade râpée
quelques graines de sésame dorées
poivre

Rincez et coupez le chou-fleur en gros morceaux. Placez-le dans la cuve du robot, avec le gomasio, le lait et la muscade.

Faites cuire en mode **CUISSON SOUS PRESSION** pendant **11 MIN**.

À la fin de la cuisson, mixez finement au blender, poivrez, et servez bien chaud parsemé de graines de sésame dorées.

ASTUCE

Pour une saveur plus gourmande, ajoutez quelques croûtons frottés à l'ail. Pour réaliser du gomasio maison, faites torréfier 4 cuil. à soupe de sésame et mixez-les légèrement avec ½ cuil. à café de fleur de sel.

ARTICHAUTS BRAISÉS AU THYM

4 PERSONNES • PRÉPARATION 12 MIN • CUISSON 15 MIN

- 8 fonds d'artichauts frais (ou surgelés)
- 4 gousses d'ail
- 6 brins de thym frais
- 1 citron non traité
- 30 cl de bouillon de légumes
- sel, poivre

Pelez et hachez les gousses d'ail. Effeuillez le thym. Prélevez le zeste du citron. Dans un bol, mélangez l'ail, le thym et les zestes. Salez et poivrez et répartissez le mélange dans le creux des fonds d'artichauts.

Versez le bouillon dans la cuve du robot et déposez les fonds d'artichauts délicatement de façon à ce qu'ils restent bien à plat. Arrosez avec le jus du citron. Lancez le mode **CUISSON SOUS PRESSION** pour **15 MIN**.

Servez chaud en accompagnement ou froid avec une salade.

AUBERGINE AU MISO

2 PERSONNES • PRÉPARATION 10 MIN • CUISSON 8 MIN

1 aubergine
1 cuil. à soupe de pâte de miso

Dans un bol, délayez la pâte de miso dans 10 cl d'eau.

Versez 20 cl d'eau au fond de la cuve du robot.

Rincez et coupez l'aubergine en deux. Quadrillez les deux parties à l'aide d'un couteau bien aiguisé. Badigeonnez les deux moitiés avec la préparation au miso.

Déposez les deux moitiés d'aubergine dans le **PANIER VAPEUR**. Faites cuire en mode **CUISSON SOUS PRESSION** pendant **8 MIN**.

ASTUCE

Vous pouvez accompagner cette recette de bœuf haché maigre ou d'un pavé de tofu fumé.

ROULEAUX D'AUBERGINE AU QUINOA

4 PERSONNES • PRÉPARATION 15 MIN • CUISSON 18 MIN

120 g de quinoa
1 aubergine
2 petits fromages Carré Frais® à 0 %
25 cl de bouillon de volaille dégraissé (recette p. 170)
1 pincée de curcuma
sel, poivre

Versez le bouillon dans la cuve du robot. Rincez et tranchez l'aubergine en fines lamelles dans la longueur. Déposez les lamelles dans le **PANIER VAPEUR** et lancez la **CUISSON SOUS PRESSION** pendant **6 MIN**. Réservez le bouillon dans la cuve.

Versez le quinoa dans le bouillon et lancez la **CUISSON SOUS PRESSION** pour **12 MIN**. Après cuisson, ajoutez au quinoa les fromages frais, le curcuma, salez et poivrez. Mélangez.

Étalez 1 tranche d'aubergine sur le plan de travail, puis déposez 1 cuil. à soupe de farce au quinoa dessus. Formez un rouleau et renouvelez avec toutes les lamelles d'aubergine.

Déposez vos rouleaux dans le **PANIER VAPEUR** et placez en mode **RÉCHAUFFER** dans le robot pendant quelques minutes avant dégustation.

CLAFOUTIS AUX LÉGUMES D'ÉTÉ

4 PERSONNES • PRÉPARATION 5 MIN • CUISSON 26 MIN

1 œuf
50 g de fécule de maïs
25 cl de lait écrémé
2 cuil. à soupe de ricotta
1 poivron
1 courgette
8 tomates cerise
1 cuil. à café d'huile d'olive
sel, poivre

Dans un saladier, mélangez l'œuf, la fécule, le lait et la ricotta. Versez l'appareil à clafoutis dans quatre ramequins.

Lavez et coupez en petits morceaux le poivron et la courgette. Coupez les tomates cerise en deux.

Versez l'huile au fond de la cuve du robot et faites cuire les légumes **1-2 MIN** en mode **DORER**. Salez, poivrez. Répartissez les légumes dans des ramequins ou un moule à charlotte. Couvrez-les d'un film alimentaire puis placez-les dans le **PANIER VAPEUR**.

Versez 20 cl d'eau au fond de la cuve, déposez le panier dans le robot, puis lancez la **CUISSON SOUS PRESSION** pour **24 MIN**.

ASTUCE

Accompagnez ces petits clafoutis d'une salade de mâche ou encore d'une papillote de poisson blanc.

POÊLÉE D'ÉPINARDS AU CURCUMA

4 PERSONNES • PRÉPARATION 10 MIN • CUISSON 3 MIN

800 g d'épinards frais
1 gousse d'ail
2 cuil. à café de curcuma en poudre
10 cl de bouillon de légumes
50 g de ricotta
1 cuil. à café d'huile d'olive
sel, poivre

Lavez et équeutez les épinards. Essorez-les dans une essoreuse à salade. Pelez et hachez la gousse d'ail.

Versez l'huile d'olive dans la cuve du robot et faites-la chauffer en mode **DORER**. Faites revenir la gousse d'ail pendant **1 MIN**, puis ajoutez les épinards.

Ajoutez le curcuma et le bouillon de légumes, puis faites cuire en mode **CUISSON SOUS PRESSION** pendant **2 MIN**.

À la fin de la cuisson, ajoutez la ricotta, salez, poivrez et mélangez.

HARICOTS PLATS À LA TOMATE

4 PERSONNES • PRÉPARATION 10 MIN • CUISSON 9 MIN

500 g de haricots plats
600 g de tomates
1 échalote
1 gousse d'ail
10 olives noires
quelques brins de persil plat
sel, poivre

Pelez et émincez l'échalote et la gousse d'ail. Lavez et coupez les tomates en morceaux et hachez les olives. Lavez et coupez les haricots en tronçons.

Faites chauffer le robot en mode **DORER**, puis faites revenir les tomates avec l'ail, l'échalote et les olives pendant **2 MIN**.

Intégrez les haricots, salez et poivrez. Versez 5 cl d'eau, mélangez et lancez le mode **CUISSON SOUS PRESSION** pour **7 MIN**.

Parsemez de persil plat ciselé au moment de servir.

RISOTTO DE NAVET

4 PERSONNES • PRÉPARATION 15 MIN • CUISSON 10 MIN

4 gros navets
1 oignon
10 cl de vin blanc
1 cuil. à soupe de miel liquide
1 cuil. à soupe de noix concassées
25 cl de bouillon de légumes
quelques brins de ciboulette
1 cuil. à café d'huile d'olive
sel, poivre

Pelez et émincez l'oignon. Versez l'huile d'olive dans la cuve du robot et faites-la chauffer en mode **DORER**. Faites revenir l'oignon avec l'huile d'olive pendant **2 MIN**.

Pelez et coupez les navets en brunoise, puis ajoutez-les dans la cuve. Faites dorer à nouveau **1-2 MIN.**

Versez le vin, le miel et les noix et prolongez la cuisson de **2 MIN**.

Versez le bouillon, fermez le robot et programmez la **CUISSON SOUS PRESSION** pendant **4 MIN**.

Salez, poivrez et servez bien chaud parsemé de ciboulette ciselée.

FENOUIL BRAISÉ

2 PERSONNES • PRÉPARATION 5 MIN • CUISSON 14 MIN

1 fenouil
1 cuil. à café de miel liquide
1 cuil. à café d'huile de tournesol
sel, poivre

Lavez et coupez le fenouil en deux dans l'épaisseur.

Versez 20 cl d'eau au fond de la cuve du robot. Déposez le fenouil dans le **PANIER VAPEUR**.

Faites cuire en mode **CUISSON SOUS PRESSION** pendant **12 MIN**. Réservez.

Dans la cuve vidée, versez le miel et l'huile, mélangez. Déposez les moitiés de fenouil et faites chauffer en mode **DORER** pendant **2 MIN** environ, jusqu'à obtenir une belle coloration dorée sur chaque face. Salez, poivrez.

ASTUCE

Ce fenouil braisé accompagnera à merveille une truite vapeur ou un pavé de saumon.

POÊLÉE DE BLETTES À L'AIL

2 PERSONNES • PRÉPARATION : 10 MIN • CUISSON : 8 MIN

300 g de blettes
2 gousses d'ail
1 poignée d'amandes effilées
1 cuil. à café d'huile d'olive
sel, poivre

Épluchez les blettes en retirant les fils. Coupez-les en petits morceaux et déposez-les dans le **PANIER VAPEUR**.

Versez 20 cl d'eau au fond de la cuve, puis lancez le mode **CUISSON SOUS PRESSION** pour **6 MIN**.

Videz l'eau, puis replacez la cuve dans le robot.

Pelez et pressez les gousses d'ail, puis mélangez l'ail avec les blettes, l'huile d'olive et les amandes effilées. Placez le tout dans la cuve et sélectionnez le mode **DORER** pour **2 MIN** en remuant constamment.

Salez, poivrez et servez.

ASTUCE

Pour plus de gourmandise, servez avec une béchamel allégée (recette p. 165) et quelques copeaux de pecorino.

POKE BOWL VÉGÉTARIEN AUX LENTILLES

4 PERSONNES • PRÉPARATION 15 MIN • CUISSON 9 MIN

300 g de lentilles
100 g de petits pois
100 g de fleurettes de brocoli
10 radis roses
1 carotte
10 tomates cerise

Pour la sauce
1 oignon
1 cuil. à soupe d'huile d'olive
2 cuil. à soupe de bouillon de légumes
2 cuil. à soupe de sauce soja
2 brins de persil

Rincez les lentilles sous l'eau froide et mettez-les dans la cuve du robot. Versez 1 litre d'eau et faites cuire en mode **CUISSON SOUS PRESSION** pendant **8 MIN**. À la fin de la cuisson, ajoutez les petits pois et les brocolis, puis prolongez la cuisson d'**1 MIN**.

Égouttez les lentilles et les légumes et laissez refroidir. Pelez et émincez l'oignon. Coupez les radis en rondelles. Pelez la carotte et émincez-la finement. Coupez les tomates en quatre.

Dans un bol, mélangez tous les ingrédients de la sauce. Répartissez les lentilles dans quatre assiettes, puis déposez quelques petits pois, du brocoli, des lamelles de radis et de carotte et quelques tomates cerise. Arrosez de sauce.

VARIANTE

Ajoutez quelques lamelles de saumon cru.

GOULASCH DE COURGETTES

4 PERSONNES • PRÉPARATION 10 MIN • CUISSON 10 MIN

6 courgettes
1 poivron vert
2 oignons
1 gousse d'ail
1 cuil. à soupe de farine
10 cl de vin rouge
1 cuil. à soupe de paprika doux
1 cuil. à soupe de cumin en poudre
20 cl de bouillon de bœuf
2 cuil. à soupe de concentré de tomate
5 g de beurre
sel, poivre

Pelez et émincez les oignons. Lavez le poivron et détaillez-le en lanières. Rincez et coupez les courgettes en tranches épaisses. Pelez et hachez l'ail.

Mettez le beurre dans la cuve du robot et sélectionnez le mode **DORER**. Faites revenir les oignons et l'ail pendant **2 MIN**. Ajoutez la farine et versez le vin, les épices, le bouillon et le concentré de tomate dans la cuve. Mélangez bien à l'aide d'une cuillère en bois.

Intégrez les courgettes et le poivron dans la cuve. Salez et poivrez et lancez le mode **CUISSON SOUS PRESSION** pour **8 MIN**.

COURGETTES RONDES FAÇON ŒUF COCOTTE

4 PERSONNES • PRÉPARATION 10 MIN • CUISSON 4 MIN

4 courgettes rondes
4 œufs
4 cuil. à soupe de cancoillotte
4 cuil. à café de ciboulette ciselée
poivre

Versez 20 cl d'eau au fond de la cuve du robot.

Lavez et coupez le haut des courgettes, puis évidez-les.

Déposez 1 cuil. à soupe de cancoillotte au fond de chaque courgette, cassez délicatement 1 œuf par-dessus. Parsemez de ciboulette et poivrez.

Placez les courgettes dans le **PANIER VAPEUR**, puis déposez-le dans la cuve. Faites cuire en mode **CUISSON SOUS PRESSION** pendant **4 MIN**.

VARIANTE

La cancoillotte peut être parfumée au vin jaune, à l'ail, aux noix.

COURGETTES FARCIES AU QUINOA

4 PERSONNES • PRÉPARATION 15 MIN • CUISSON 18 MIN

4 courgettes rondes
50 g de quinoa
1 cuil. à soupe de pignons de pin
1 poignée de raisins secs
12 cl de bouillon de légumes
1 aubergine
2 cuil. à soupe de brousse
sel, poivre

Faites dorer les pignons de pin pendant **1-2 MIN** en mode **DORER** dans la cuve du robot. Réservez. Versez le quinoa et les raisins dans la cuve, recouvrez avec le bouillon de légumes. Lancez une **CUISSON SOUS PRESSION** pour **8 MIN**. Réservez et rincez la cuve.

Lavez et coupez les chapeaux des courgettes. Évidez-les à l'aide d'une petite cuillère. Lavez et coupez l'aubergine en petits morceaux, puis mettez-les dans le **PANIER VAPEUR**. Ajoutez les courgettes et leurs chapeaux sur les aubergines. Versez 20 cl d'eau au fond de la cuve et placez le **PANIER VAPEUR**. Faites cuire en **CUISSON SOUS PRESSION** pendant **8 MIN**. Réservez tout en gardant l'eau dans la cuve.

Dans un saladier, mélangez les dés d'aubergine, le quinoa, les raisins, la brousse, les pignons de pin. Salez, poivrez et garnissez les fonds de courgettes. Recouvrez avec les chapeaux et placez-les dans le **PANIER VAPEUR**. Lancez la **CUISSON SOUS PRESSION** pour **1 MIN**.

SEMOULE AUX LÉGUMES

4 PERSONNES • PRÉPARATION 18 MIN • CUISSON 16 MIN

250 g de semoule de blé
1 panais
3 carottes
1 navet boule d'or
1 oignon
50 cl de bouillon de légumes
sel, poivre

Placez la semoule dans un saladier.

Pelez et coupez les carottes, le panais et le navet en julienne. Pelez et émincez l'oignon.

Versez le bouillon dans la cuve du robot et déposez tous les légumes dans le **PANIER VAPEUR**.

Lancez le mode **CUISSON SOUS PRESSION** pour **7 MIN**.

À la fin de la cuisson, retirez les légumes, puis versez la semoule dans le bouillon. Replacez le **PANIER VAPEUR** dans le robot éteint. Fermez le robot et laissez reposer **9 MIN**.

Égrainez la semoule, puis ajoutez les légumes. Salez et poivrez. Mélangez avant de servir.

QUINOA AUX FRUITS SECS ET PÂTISSON

4 PERSONNES • PRÉPARATION 10 MIN • CUISSON 10 MIN

250 g de quinoa
1 pâtisson
1 carotte
2 échalotes
2 pincées de cumin en poudre
40 cl de bouillon de légumes
40 g de noisettes décortiquées
40 g de raisins secs
3 abricots secs
1 cuil. à café d'huile d'olive
poivre

Pelez les échalotes et la carotte. Émincez-les. Enlevez la peau du pâtisson et coupez-le en dés.

Versez l'huile d'olive dans la cuve du robot et faites-la chauffer en mode **DORER**. Ajoutez les échalotes, la carotte, le cumin et le pâtisson et faites-les revenir **2 MIN**.

Versez le bouillon et ajoutez le quinoa. Poivrez et faites cuire en mode **CUISSON SOUS PRESSION** pendant **8 MIN**.

Concassez les noisettes et coupez les abricots secs en petits morceaux. À la fin de la cuisson, ajoutez les fruits secs et mélangez.

POÊLÉE DE LÉGUMES ANCIENS

4 PERSONNES • PRÉPARATION 5 MIN • CUISSON 12 MIN

6 topinambours
1 chou-rave
1 panais
1 oignon rouge
1 cuil. à soupe de noisettes concassées
1 cuil. à café d'huile de pépins de raisin
sel, poivre

Versez 25 cl d'eau au fond de la cuve du robot.

Épluchez tous les légumes et coupez-les en petits morceaux. Placez-les dans le **PANIER VAPEUR** et lancez le mode **CUISSON SOUS PRESSION** pour **8 MIN**.

À la fin de la cuisson, videz la cuve.

Versez l'huile dans la cuve du robot et faites-la chauffer en mode **DORER**, puis faites revenir les légumes pendant **3-4 MIN** en mélangeant régulièrement. Salez, poivrez et ajoutez les noisettes au moment de servir.

FLAN DE LÉGUMES

4 PERSONNES • PRÉPARATION 15 MIN • CUISSON 17 MIN

2 carottes
1 poivron
8 tomates séchées
2 œufs
1 cuil. à soupe de farine complète
1 cuil. à soupe de lait
1 cuil. à soupe de sauce soja
sel, poivre

Versez 20 cl d'eau dans la cuve du robot.

Pelez et coupez les carottes en tronçons. Lavez et épépinez le poivron et détaillez-le en petits dés.

Placez les légumes dans le **PANIER VAPEUR** et lancez la **CUISSON SOUS PRESSION** pour **6 MIN**. Réservez les légumes sans vider la cuve.

Pendant ce temps, mélangez les œufs, la farine, le lait et la sauce soja dans un grand bol. Salez et poivrez.

Ajoutez les tomates séchées coupées en deux et les légumes cuits à la préparation. Mélangez, puis versez dans un moule de 18 cm de diamètre maximum (type moule à charlotte). Déposez-le dans le **PANIER VAPEUR**.

Faites cuire en mode **CUISSON SOUS PRESSION** pendant **11 MIN**. Dégustez chaud ou tiède.

BROUILLADE D'ŒUF À L'ESTRAGON ET TOMATES

4 PERSONNES • PRÉPARATION 5 MIN • CUISSON 5 MIN

6 œufs
12 tomates cocktail
6 branches d'estragon
1 cuil. à café d'huile d'olive
sel, poivre

Lavez et coupez les tomates en deux.

Versez l'huile d'olive dans la cuve du robot et faites-la chauffer en mode **DORER**. Ajoutez les tomates et faites-les dorer **1-2 MIN** par face en les retournant délicatement.

Versez 5 cl d'eau et ajoutez l'estragon. Lancez le mode **CUISSON SOUS PRESSION** pour **2 MIN**.

À la fin de la cuisson, ajoutez les œufs entiers et prolongez la **CUISSON SOUS PRESSION** pendant **1 MIN**.

Salez, poivrez et servez aussitôt.

ASTUCE

Accompagnez ces œufs d'une salade de pousses d'épinards.

PIPERADE
ET ŒUF POCHÉ

4 PERSONNES • PRÉPARATION 10 MIN • CUISSON 10 MIN • REPOS 10 MIN

4 œufs
3 tomates
2 poivrons rouges
1 poivron jaune
1 poivron vert
1 gousse d'ail
1 oignon
1 branche de thym
1 cuil. à soupe d'huile d'olive
sel, poivre

Lavez, épépinez les poivrons et coupez-les en lanières. Pelez et émincez l'oignon et l'ail. Lavez et coupez les tomates en dés.

Versez l'huile d'olive dans la cuve du robot et faites-la chauffer en mode **DORER**. Faites revenir l'oignon, l'ail et les poivrons pendant **2 MIN**. Intégrez les tomates, la branche de thym. Salez, poivrez et lancez la **CUISSON SOUS PRESSION** pour **8 MIN**.

À la fin de la cuisson, cassez délicatement les œufs au milieu des poivrons, puis fermez le robot. Patientez 10 minutes, puis servez délicatement.

ASTUCE

Ajoutez du basilic frais ciselé au moment de servir.

TOFU BRAISÉ AUX LÉGUMES

4 PERSONNES • PRÉPARATION 10 MIN • CUISSON 10 MIN

- 400 g de tofu ferme
- 2 pommes de terre
- 1 carotte
- 30 g de petits pois surgelés
- 1 oignon
- 1 cuil. à café d'huile d'olive
- sel, poivre

Versez 20 cl d'eau dans la cuve du robot. Coupez le tofu en dés.

Pelez la carotte et les pommes de terre, puis coupez-les en fine brunoise. Pelez et émincez l'oignon.

Dans le **PANIER VAPEUR**, mélangez l'oignon, la brunoise et les petits pois. Lancez le mode **CUISSON SOUS PRESSION** pour **8 MIN**. Videz l'eau de cuisson et réservez les légumes dans le panier.

Versez l'huile d'olive dans la cuve du robot et faites-la chauffer en mode **DORER**, puis faites colorer le tofu pendant **2 MIN** en mélangeant.

Intégrez les légumes, salez, poivrez et prolongez la cuisson de **2 MIN**.

NOUILLES SOBA AUX CHAMPIGNONS

4 PERSONNES • PRÉPARATION 10 MIN • CUISSON 7 MIN

150 g de nouilles soba
15 champignons shiitakes
1 gousse d'ail
quelques brins de persil
150 g de tofu ferme
80 cl de bouillon miso
200 g de petits pois
2 cuil. à soupe de mirin
2 cuil. à soupe de sauce soja
2 cuil. à soupe de graines de sésame
1 cuil. à café d'huile de tournesol

Pelez et hachez la gousse d'ail. Lavez et ciselez le persil. Nettoyez les shiitakes. Coupez le tofu en dés.

Faites chauffer le robot en mode **DORER**, puis faites revenir l'ail et le persil pendant **1 MIN** avec l'huile. Ajoutez le tofu et les shiitakes et faites revenir pendant **2 MIN**.

Versez le bouillon, ajoutez les petits pois et faites cuire en mode **CUISSON SOUS PRESSION** pendant **1 MIN**.

À la fin de la cuisson, sélectionnez le mode **DORER**, puis faites cuire les nouilles soba pendant **4 MIN** (rajoutez un peu de bouillon si nécessaire).

Égouttez les nouilles et les légumes, mélangez-les, ajoutez le mirin et la sauce soja. Répartissez aussitôt dans des bols et saupoudrez de graines de sésame.

CHAMPIGNONS FARCIS AU FROMAGE FRAIS

4 PERSONNES • PRÉPARATION 10 MIN • CUISSON 4 MIN

- 8 gros champignons de Paris
- 1 citron
- 50 g de pistaches émondées
- 100 g de fromage frais allégé
- 1 cuil. à soupe de crème allégée
- 1 pincée de piment d'Espelette
- 20 cl de bouillon de légumes
- sel, poivre

Pelez à vif le citron, puis retirez les segments. Coupez-les en petits dés. Concassez les pistaches.

Dans un bol, mélangez le fromage avec la crème. Ajoutez les morceaux de citron, les pistaches et le piment. Salez, poivrez et mélangez bien.

Pelez les champignons de Paris, puis retirez les pieds. Répartissez la préparation au centre de chaque champignon.

Versez le bouillon au fond de la cuve du robot, puis déposez délicatement les champignons. Lancez le mode **CUISSON SOUS PRESSION** pour **4 MIN**.

ASTUCE

Servez avec un filet de poulet grillé à la plancha.

ONE POT PASTA AUX ASPERGES ET RICOTTA

4 PERSONNES • PRÉPARATION 5 MIN • CUISSON 9 MIN

250 g de pâtes aux lentilles corail

1 botte d'asperges vertes

150 g de ricotta

1,3 l de bouillon de légumes

sel, poivre

Rincez et coupez les asperges en tronçons de 2-3 cm. Réservez.

Versez le bouillon dans la cuve du robot et portez à ébullition en mode **DORER** pour **1 MIN**.

Plongez les pâtes dans le bouillon pour **3 MIN**, puis arrêtez la cuisson.

Déposez les asperges au-dessus des pâtes, et lancez le mode **CUISSON SOUS PRESSION** pour **5 MIN**.

Égouttez si nécessaire en fin de cuisson, salez et poivrez. Mélangez délicatement les pâtes en incorporant la ricotta.

CHILI VÉGÉTARIEN

4 PERSONNES • PRÉPARATION 15 MIN • CUISSON 20 MIN

60 g de lentilles vertes
1 poivron rouge
2 carottes
1 boîte de maïs
1 boîte de haricots rouges
1 gros oignon
2 gousses d'ail
20 cl de bouillon de légumes
20 cl de pulpe de tomates
1 cuil. à café de cumin
½ cuil. à café de coriandre en poudre
1 cuil. à café d'huile d'olive
sel, poivre

Pelez et émincez l'oignon et l'ail. Pelez et épépinez le poivron. Pelez les carottes. Coupez les légumes en petits dés. Rincez et égouttez le maïs et les haricots. Rincez les lentilles.

Versez l'huile d'olive dans la cuve du robot et faites-la chauffer en mode **DORER**. Faites revenir l'oignon et l'ail pendant **2 MIN**. Ajoutez les carottes et les dés de poivron et faites rissoler pendant **5 MIN**. Intégrez les lentilles et versez le bouillon de légumes. Lancez le robot en mode **CUISSON SOUS PRESSION** pour **8 MIN**.

Incorporez la pulpe de tomates, les épices, le maïs et les haricots, puis mélangez. Salez, poivrez et prolongez la **CUISSON SOUS PRESSION** pendant **5 MIN**.

VARIANTE

Pour une version plus épicée, ajoutez quelques gouttes de Tabasco®. Servez en saupoudrant de persil ou de coriandre ciselée.

RIZ NOIR AU CHOU FRISÉ

4 PERSONNES • PRÉPARATION 10 MIN • CUISSON 14 MIN

200 g de riz noir
250 g de chou frisé
1 gousse d'ail
3 oignons frais
3 cuil. à café de sauce soja
1 cuil. à soupe d'huile de tournesol
poivre

Mettez le riz dans la cuve du robot, puis couvrez-le de 50 cl d'eau. Lancez le mode **CUISSON SOUS PRESSION** pour **8 MIN**. À la fin du programme, égouttez le riz.

Pelez et hachez la gousse d'ail. Coupez les oignons en huit. Lavez et émincez le chou en fines lanières.

Versez l'huile dans la cuve du robot et faites-la chauffer en mode **DORER**. Faites revenir l'ail pendant quelques secondes, puis ajoutez le chou et les oignons. Faites cuire pendant **3 MIN** en remuant constamment.

Intégrez le riz et poursuivez la cuisson de **3 MIN** en mode **MIJOTAGE**. Enfin, ajoutez la sauce soja et faites cuire encore **1-2 MIN**. Servez aussitôt.

CHOU KALE AUX PIGNONS DE PIN

4 PERSONNES • PRÉPARATION 5 MIN • CUISSON 8 MIN

- 1 échalote
- 1 carotte
- 1 bouquet de chou kale (environ 600 g)
- 10 cl d'eau
- 1 cuil. à soupe de sauce soja
- 1 cuil. à soupe d'huile d'olive
- 50 g de pignons de pin
- poivre

Pelez et émincez l'échalote et la carotte. Retirez les nervures centrales des feuilles de kale puis émincez-les finement. Rincez et égouttez-les.

Versez l'huile d'olive dans la cuve du robot cuiseur et faites-la chauffer en mode **DORER**. Ajoutez l'échalote, le chou et la carotte et faites-les revenir **5 MIN**.

Versez l'eau, la sauce soja et poivrez. Prolongez la cuisson en mode **CUISSON SOUS PRESSION** pendant **6 MIN**.

À la fin de la cuisson, ajoutez les pignons de pin et mélangez.

GRATIN DE CHOU-FLEUR À LA BÉCHAMEL ALLÉGÉE

4 PERSONNES • PRÉPARATION 5 MIN • CUISSON 10 MIN

½ chou-fleur

3 cuil. à soupe de béchamel allégée (recette p. 165)

1 cuil. à soupe de pecorino râpé

1 pincée de muscade râpée

Versez 25 cl d'eau au fond de la cuve du robot.

Détaillez le chou-fleur en morceaux et placez-le dans le **PANIER VAPEUR**. Faites-le cuire en mode **CUISSON SOUS PRESSION** pendant **8 MIN**. Réservez.

Videz la cuve.

Replacez le chou-fleur dans la cuve. Répartissez la béchamel sur le chou-fleur, puis saupoudrez de muscade et de pecorino.

Sélectionnez le mode **RÉCHAUFFER** pour **2 MIN** et servez lorsque le gratin est bien chaud.

MIJOTÉ DE LENTILLES AU TOFU

4 PERSONNES • PRÉPARATION 10 MIN • CUISSON 22 MIN

300 g de lentilles vertes
150 g de tofu ferme
1 oignon
1 cuil. à soupe de sauce soja
½ cuil. à café de cumin en poudre
sel

Rincez les lentilles sous l'eau froide.

Versez 50 cl d'eau et les lentilles au fond de la cuve du robot. Ajoutez le cumin et salez. Lancez le mode **CUISSON SOUS PRESSION** pour **20 MIN**. Réservez, puis rincez la cuve.

Pelez et émincez l'oignon. Coupez le tofu en dés.

Versez ensuite la sauce soja, l'oignon et le tofu dans la cuve.
Faites rissoler en mode **DORER** pendant **1-2 MIN**.

Intégrez les lentilles cuites, puis mélangez. Maintenez au chaud jusqu'à la dégustation.

MIJOTÉ DE LENTILLES CORAIL

4 PERSONNES • PRÉPARATION 10 MIN • CUISSON 10 MIN

200 g de lentilles corail
1 petite aubergine
1 cm de racine de gingembre
1 oignon
1 gousse d'ail
2 cuil. à café de cumin en poudre
1 cuil. à café de curcuma
100 g de tomates concassées
30 cl de bouillon de légumes
1 bouquet de persil plat
1 cuil. à café d'huile d'olive
sel, poivre

Pelez et hachez l'ail, le gingembre et l'oignon. Lavez et coupez l'aubergine en petits dés.

Versez l'huile d'olive dans la cuve du robot et faites-la chauffer en mode **DORER**. Faites revenir l'ail, l'oignon et le gingembre, puis ajoutez les dés d'aubergine. Saupoudrez de curcuma et de cumin. Ajoutez les lentilles et faites revenir **2 MIN** en remuant constamment.

Versez les tomates concassées et le bouillon, puis faites cuire en mode **CUISSON SOUS PRESSION** pendant **8 MIN**.

Servez parsemé de persil ciselé.

ASTUCE

Vous pouvez servir ce mijoté avec une sauce au fromage blanc à 0 %.

SPAGHETTIS DE LÉGUMES

4 PERSONNES • PRÉPARATION 15 MIN • CUISSON 9 MIN

1 panais
1 rutabaga
4 carottes
1 oignon
1 pincée de paprika
1 cuil. à café d'huile d'olive
sel, poivre

À l'aide d'un économe, pelez, puis détaillez les légumes en spaghettis.

Placez tous les légumes dans le **PANIER VAPEUR** et faites cuire pendant **4 MIN** en mode **CUISSON SOUS PRESSION**.

Pelez et émincez l'oignon.

Versez l'huile d'olive dans la cuve du robot et faites-la chauffer en mode **DORER**. Faites revenir l'oignon avec l'huile d'olive pendant **2 MIN**. Ajoutez les spaghettis de légumes et le paprika et faites-les revenir pendant **3 MIN**. Salez, poivrez et servez aussitôt.

PÂTES AUX LÉGUMES

4 PERSONNES • PRÉPARATION 10 MIN • CUISSON 8 MIN

400 g de pâtes complètes
1 aubergine violette longue
1 courgette
1 poivron
1 cuil. à soupe d'arôme de légumes
1 cuil. à soupe de thym séché
sel, poivre

Lavez et coupez l'aubergine et la courgette en tronçons.

Lavez et épépinez le poivron, puis détaillez-le en fines lamelles.

Versez 50 cl d'eau et l'arôme de légumes dans la cuve du robot, puis ajoutez dans l'ordre : les pâtes, les poivrons, l'aubergine et la courgette. Salez, poivrez et ajoutez le thym.

Faites cuire en mode **CUISSON SOUS PRESSION** pendant **8 MIN**.

SPAGHETTIS AUX COQUES

4 PERSONNES • PRÉPARATION 15 MIN • CUISSON 10 MIN

250 g de spaghettis de petit épeautre

400 g de coques

1 gousse d'ail

1 cuil. à soupe de persil haché

1 l de bouillon de légumes

sel, poivre

Lavez et grattez les coques. Pelez et écrasez la gousse d'ail. Versez 20 cl d'eau dans la cuve du robot. Placez les coques dans le **PANIER VAPEUR**, puis lancez le mode **CUISSON SOUS PRESSION** pour **3 MIN**. Réservez.

Dans la cuve rincée, versez le bouillon de légumes, plongez-y les pâtes et faites-les cuire en mode **CUISSON SOUS PRESSION** pendant **5 MIN**.

Égouttez les pâtes en fin de cuisson. Replacez-les dans la cuve avec l'ail, déposez les coques, parsemez de persil, puis assaisonnez. Réservez en mode **MAINTIEN AU CHAUD** quelques minutes, puis servez.

SARDINES FARCIES AUX ÉPINARDS

4 PERSONNES • PRÉPARATION 20 MIN • CUISSON 14 MIN

300 g de filets de sardines
10 feuilles d'épinards
100 g de mie de pain complet
30 g de pignons de pin
1 œuf
le jus d'1 citron
sel, poivre

Lavez les feuilles d'épinards et retirez leurs tiges.

Mettez la mie de pain et les feuilles d'épinards dans un bol, puis mixez. Ajoutez les pignons, l'œuf, du sel et du poivre et mixez une seconde fois légèrement.

Répartissez cette farce sur les filets de sardines, puis roulez-les en les maintenant avec une pique en bois.

Versez 20 cl d'eau dans la cuve du robot.

Découpez un carré de papier cuisson, puis déposez-le dans le **PANIER VAPEUR**. Mettez les sardines dans le panier et installez-le dans la cuve. Faites cuire en mode **CUISSON SOUS PRESSION** pendant **14 MIN**.

Servez aussitôt les sardines farcies arrosées d'un filet de jus de citron.

PAIN DE THON

4 PERSONNES • PRÉPARATION 10 MIN • CUISSON 25 MIN • RÉFRIGÉRATION 30 MIN

- 300 g de thon en boîte
- 1 œuf
- 120 g de farine complète
- 2 cuil. à soupe de concentré de tomate
- 10 olives aux anchois

Dans un saladier, fouettez l'œuf avec la farine et le concentré de tomate.

Ajoutez les olives et le thon émietté et mélangez. Versez la préparation dans un moule à soufflé de 18 cm de diamètre maximum.

Versez 20 cl d'eau dans la cuve du robot. Lancez le mode **CUISSON SOUS PRESSION** pour **25 MIN.**

À la fin de la cuisson, laissez tiédir et démoulez. Réservez au réfrigérateur 30 min.

Servez froid avec une salade de mâche ou des pousses d'épinards fraîches.

PAPILLOTE DE CABILLAUD AUX ÉPINARDS

4 PERSONNES • PRÉPARATION 15 MIN • CUISSON 6 MIN

4 dos de cabillaud
200 g d'épinards
1 citron jaune non traité
8 tomates cerise
sel, poivre

Retirez la tige centrale des épinards, lavez-les et essorez-les. Lavez et coupez le citron en rondelles. Coupez les tomates cerise en deux.

Coupez quatre feuilles de papier sulfurisé. Sur chaque feuille, déposez un petit tas d'épinards, puis le dos de cabillaud. Ajoutez 2 tranches de citron et des tomates cerise. Salez, poivrez et fermez les papillotes hermétiquement.

Mettez-les dans le **PANIER VAPEUR**.

Versez 20 cl d'eau dans la cuve du robot, puis déposez le panier dans la cuve. Lancez le mode **CUISSON SOUS PRESSION** pour **6 MIN**.

CABILLAUD AU JUS THAÏ

4 PERSONNES • PRÉPARATION 10 MIN • CUISSON 21 MIN

4 pavés de cabillaud
1 échalote
2 cm de racine de gingembre
2 tiges de citronnelle
1 citron vert
1 petit piment
1 petit bouquet de coriandre
sel, poivre

Pelez et hachez l'échalote et le gingembre. Coupez la citronnelle en tronçons. Pressez le citron vert et lavez la coriandre. Hachez le piment.

Versez 75 cl d'eau dans la cuve du robot et mettez l'échalote, le gingembre, la citronnelle, le jus de citron, le piment et la coriandre. Salez, poivrez. Lancez le mode **CUISSON SOUS PRESSION** pour **15 MIN**.

À la fin de la cuisson, filtrez le bouillon, puis remettez-le dans la cuve. Ajoutez le cabillaud coupé en gros morceaux. Lancez la **CUISSON SOUS PRESSION** pour **6 MIN**. Servez le poisson arrosé de bouillon.

VARIANTE

Pour un repas plus complet, vous pouvez ajouter quelques vermicelles de riz en même temps que le cabillaud.

CABILLAUD AU LAIT DE COCO

4 PERSONNES • PRÉPARATION 10 MIN • CUISSON 9 MIN

4 dos de cabillaud frais
20 cl de bouillon de légumes
8 cuil. à soupe de lait de coco allégé
8 feuilles de sauge
sel, poivre

Versez le bouillon de légumes dans la cuve du robot.

Découpez 4 carrés de papier sulfurisé. Sur chaque feuille, déposez 1 dos de cabillaud, 2 cuil. à soupe de lait de coco et 2 feuilles de sauge. Salez, poivrez, et repliez le papier pour refermer les papillotes hermétiquement.

Déposez les papillotes dans le **PANIER VAPEUR** et lancez le mode **CUISSON SOUS PRESSION** pour **9 MIN**.

Au moment de servir, versez le bouillon dans des assiettes creuses, puis déposez-y les dos de cabillauds bien chauds.

PAPILLOTE DE SAINT-JACQUES AUX CAROTTES ET À L'ORANGE

4 PERSONNES • PRÉPARATION 15 MIN • CUISSON 4 MIN

12 noix de Saint-Jacques
2 carottes
1 orange
1 citron vert non traité
2 oignons
1 cuil. à café de gingembre moulu
1 cuil. à café d'huile d'olive
sel, poivre

Pelez l'orange à vif, puis retirez les segments délicatement. Lavez et pelez les carottes et, à l'aide d'un économe, réalisez des tagliatelles. Prélevez les zestes du citron vert et pressez-le. Émincez les oignons.

Dans un bol, mélangez les zestes, le gingembre, le jus de citron vert et l'huile d'olive. Ajoutez les saint-jacques et mélangez délicatement pour qu'elles soient bien enrobées.

Coupez quatre feuilles de papier sulfurisé. Sur chaque feuille, déposez des tagliatelles de carotte, puis 3 noix de Saint-Jacques marinées. Ajoutez 1 ou 2 suprêmes d'orange et un peu d'oignon. Salez et poivrez.

Fermez les papillotes hermétiquement, puis mettez-les dans le **PANIER VAPEUR**.

Versez 20 cl d'eau dans la cuve du robot, puis déposez le panier dans la cuve. Lancez le mode **CUISSON SOUS PRESSION** pour **4 MIN**.

MOULES MARINIÈRES

2 PERSONNES • PRÉPARATION 5 MIN • CUISSON 3 MIN

1,5 kg de moules de bouchot
2 échalotes
20 cl de vin blanc sec
1 cuil. à café de fécule de maïs
3 cuil. à soupe de persil ciselé
sel, poivre

Pelez et hachez les échalotes et mettez-les dans la cuve du robot. Versez le vin. Salez, poivrez.

Ajoutez la fécule et mélangez bien.

Grattez et lavez bien les moules, puis placez-les dans la cuve.

Faites cuire en mode **CUISSON SOUS PRESSION** pendant **3 MIN**. Ajoutez le persil frais ciselé en fin de cuisson et servez.

VARIANTE

Ajoutez quelques tomates cerise coupées en quatre en même temps que l'échalote.

CALAMARS AUX TOMATES

4 PERSONNES • PRÉPARATION 10 MIN • CUISSON 13 MIN

700 g de calamars
1 oignon
2 gousses d'ail
1 cm de racine de gingembre
20 tomates cerise
5 cl de vin blanc
1 boîte de tomates concassées
2 feuilles de laurier
1 pincée de graines de moutarde
1 cuil. à café d'huile d'olive
sel, poivre

Nettoyez les calamars et coupez-les en rondelles. Pelez et hachez l'oignon, l'ail et le gingembre. Lavez et coupez les tomates cerise en deux.

Versez l'huile d'olive dans la cuve du robot et faites-la chauffer en mode **DORER**, puis faites revenir l'ail, l'oignon et le gingembre pendant **1 MIN** en mélangeant.

Ajoutez les calamars, le vin blanc, les tomates concassées, le laurier, les tomates cerise, les graines de moutarde, salez et poivrez. Lancez la **CUISSON SOUS PRESSION** pour **12 MIN**.

ASTUCE

Accompagnez ce plat d'une petite portion de riz complet.

POKE BOWL À LA DAURADE

4 PERSONNES • PRÉPARATION 20 MIN • MARINADE 1 H • CUISSON 10 MIN

500 g de filets de daurade
200 g de riz complet
40 cl de bouillon de légumes
2 carottes
1 avocat
½ mangue
quelques feuilles d'épinards
sésame noir
le jus d'1 citron vert
2 cuil. à soupe de sauce soja

Pour la marinade
2 cm de racine de gingembre
2 cuil. à café de vinaigre de riz
2 cuil. à café d'huile de sésame

Coupez les filets de daurade en dés. Pelez et hachez le gingembre. Dans un saladier, mettez la daurade, le gingembre, puis ajoutez le vinaigre de riz et l'huile de sésame. Mélangez et réservez au réfrigérateur au moins 1 h.

Mettez le riz dans la cuve du robot, puis recouvrez-le du bouillon de légumes. Lancez la **CUISSON SOUS PRESSION** pour **10 MIN**. À la fin de la cuisson, laissez le riz refroidir.

Pelez et coupez les carottes en tagliatelles avec un économe. Pelez, dénoyautez l'avocat et coupez-le en lamelles. Détaillez la mangue en petits dés.

Répartissez le riz dans quatre bols. Déposez dessus de la daurade marinée, des lamelles d'avocat, des dés de mangue, des feuilles d'épinards et des tagliatelles de carotte. Saupoudrez de sésame noir. Arrosez d'un filet de jus de citron vert et de sauce soja.

DAURADE À LA TAPENADE

4 PERSONNES • PRÉPARATION 10 MIN • CUISSON 6 MIN

4 filets de daurade
8 tomates cerise
1 filet de jus de citron
sel, poivre

Pour la tapenade
200 g d'olives noires dénoyautées
2 anchois
1 gousse d'ail
1 cuil. à soupe de câpres
1 cuil. à soupe d'huile d'olive
1 cuil. à soupe de vin blanc

Pelez et dégermez la gousse d'ail. Mixez les olives avec la gousse d'ail, les anchois, les câpres, l'huile d'olive, le vin blanc de façon à obtenir une purée.

Étalez la tapenade sur les filets de daurade puis déposez les tomates coupées en deux dessus.

Versez 20 cl d'eau dans la cuve du robot.

Découpez un carré de papier sulfurisé, puis mettez-le dans le **PANIER VAPEUR**. Déposez les filets de daurade dans le panier, puis installez-le dans la cuve.

Faites cuire **6 MIN** en mode **CUISSON SOUS PRESSION**. Servez avec le jus de citron.

BAR VAPEUR AUX TOMATES ET AUX OLIVES

4 PERSONNES • PRÉPARATION 10 MIN • CUISSON 7 MIN

4 pavés de bar
1 citron jaune bio
4 brins de thym

Pour la sauce
15 tomates cerise
10 olives noires
1 bouquet de basilic
1 cuil. à soupe de jus de citron
4 brins de thym
2 cuil. à soupe d'eau
sel, poivre

Retirez les arêtes du bar. Lavez et taillez le citron en 8 tranches.

Déposez les pavés de bar dans le **PANIER VAPEUR** tapissé de papier cuisson, puis déposez les rondelles de citron dessus et le thym. Salez et poivrez. Versez 25 cl d'eau dans la cuve du robot, puis installez le **PANIER VAPEUR**. Lancez le mode **CUISSON SOUS PRESSION** pour **7 MIN**.

Pendant ce temps, lavez les tomates cerise et le basilic. Mixez les tomates avec le basilic, les olives, le jus de citron, l'eau, du sel et du poivre. Servez cette sauce avec le poisson.

SAUMON EN CROÛTE D'HERBES

4 PERSONNES • PRÉPARATION 10 MIN • CUISSON 6 MIN

4 pavés de saumon
1 gros bouquet d'herbes mélangées (aneth, ciboulette, persil, coriandre…)
1 citron non traité
1 pincée de paprika
1 cuil. à café de chapelure
2 cuil. à soupe de fromage blanc à 0 %
sel, poivre

Lavez et hachez finement les herbes. Prélevez les zestes du citron, puis coupez-le en quatre.

Dans un bol, mélangez les zestes avec les herbes, la chapelure et le fromage blanc. Salez et poivrez, ajoutez le paprika. Mélangez de façon à obtenir une pâte. Déposez un peu de cette préparation sur les filets de saumon.

Coupez un carré de papier sulfurisé, puis déposez-le dans le **PANIER VAPEUR**. Mettez les pavés de saumon dans le panier.

Versez 20 cl d'eau dans la cuve du robot et ajoutez les morceaux de citron. Installez le panier. Lancez le mode **CUISSON SOUS PRESSION** pour **6 MIN**.

ASTUCE

Dégustez avec une salade de cresson ou de pousses d'épinards.

ESPADON MARINÉ VAPEUR

4 PERSONNES • PRÉPARATION 10 MIN • MARINADE 15 MIN • CUISSON 4 MIN

4 pavés d'espadon

Pour la marinade
1 citron vert bio
1 pincée de piment de Cayenne
1 pincée de safran en poudre
½ pamplemousse
1 bouquet de ciboulette
1 cuil. à soupe d'huile d'olive
sel, poivre

Coupez l'espadon en cubes. Prélevez les zestes du citron vert, puis pressez le jus. Pressez également le jus du pamplemousse. Lavez et ciselez la ciboulette.

Dans un saladier, mélangez le jus de citron vert avec les zestes, le piment, le safran et le jus de pamplemousse. Ajoutez l'huile d'olive, la ciboulette, salez et poivrez, puis mélangez bien. Mettez les cubes d'espadon dans la marinade, mélangez de façon à bien enrober les morceaux. Réservez au réfrigérateur pendant 15 min.

Coupez un carré de papier cuisson, puis déposez-le au fond du **PANIER VAPEUR**.

Versez 20 cl d'eau dans la cuve du robot. Installez le panier dans la cuve, puis mettez l'espadon et la marinade dans le **PANIER VAPEUR**. Lancez le mode **CUISSON SOUS PRESSION** pour **4 MIN**.

VARIANTE

Vous pouvez servir l'espadon refroidi en salade avec de la mâche.

LOTTE ET SON BOUILLON AU CURCUMA

4 PERSONNES • PRÉPARATION 7 MIN • CUISSON 18 MIN

1 petite queue de lotte
1 oignon
1 gousse d'ail
2 cuil. à café de curcuma
10 cl de vin
20 cl de bouillon de légumes
quelques brins de cerfeuil
1 cuil. à café d'huile d'olive
sel, poivre

Retirez la peau et l'arête centrale de la lotte, puis coupez-la en morceaux. Pelez et émincez l'oignon. Pelez et hachez la gousse d'ail.

Versez l'huile d'olive dans la cuve du robot et faites-la chauffer en mode **DORER**. Faites revenir l'ail et l'oignon **1 MIN**. Ajoutez le curcuma en poudre et mélangez bien. Versez le vin blanc, puis laissez mijoter **2 MIN**.

Versez le bouillon et intégrez la lotte, salez, poivrez et faites cuire en mode **CUISSON SOUS PRESSION** pendant **15 MIN**.

Servez la lotte arrosée de bouillon au curcuma. Ajoutez quelques feuilles de cerfeuil.

MIJOTÉ DE LOTTE AUX POIVRONS

4 PERSONNES • PRÉPARATION 10 MIN • CUISSON 16 MIN

1 queue de lotte (environ 1 kg)
1 poivron rouge
1 oignon
1 gousse d'ail
20 cl de vin blanc
2 cuil. à soupe de concentré de tomate
1 cube de bouillon
2 feuilles de laurier
1 brin de thym
1 cuil. à café d'huile d'olive
sel, poivre

Retirez la peau et l'arête centrale de la lotte, puis coupez-la en morceaux.

Lavez, épépinez et coupez le poivron en lamelles. Pelez et émincez l'oignon. Pelez et hachez l'ail.

Déposez le tout au fond de la cuve du robot et arrosez d'huile d'olive. En mode **DORER**, faites suer pendant le temps du préchauffage en remuant sans cesse.

Stoppez la cuisson, puis versez le vin et le concentré de tomate. Émiettez le bouillon cube, déposez le thym et le laurier, puis lancez le mode **CUISSON SOUS PRESSION** pour **15 MIN**.

ASTUCE

Ce mijoté peut être accompagné de riz, de quinoa ou de pommes de terre vapeur.

CREVETTES AU POIVRE

4 PERSONNES • PRÉPARATION 10 MIN • CUISSON 5 MIN

500 g de crevettes cuites
1 cuil. à soupe de poivre vert frais
1 cuil. à soupe de crème de soja
1 cuil. à soupe de sauce soja
10 cl de bouillon de légumes

Décortiquez les crevettes.

Mettez les crevettes, le poivre, la crème et la sauce soja dans la cuve du robot. Versez le bouillon de légumes. Mélangez bien à l'aide d'une cuillère en bois.

Lancez la **CUISSON SOUS PRESSION** pour **5 MIN**.

ASTUCE

Dégustez ces crevettes avec du riz ou des pois gourmands cuits à la vapeur.

CREVETTES ET TAGLIATELLES DE COURGETTE

4 PERSONNES • PRÉPARATION 10 MIN • CUISSON 4 MIN

16 crevettes décortiquées
2 courgettes
1 gousse d'ail
20 cl de bouillon de légumes
1 cuil. à soupe d'anisette
1 pincée de paprika
sel, poivre

Lavez les courgettes, puis coupez les extrémités. À l'aide d'un économe, réalisez des tagliatelles. Réservez. Pelez et pressez la gousse d'ail.

Versez le bouillon de légumes et l'anisette au fond de la cuve du robot.

Déposez les crevettes et les tagliatelles dans le **PANIER VAPEUR**. Salez, poivrez et mettez le panier dans la cuve.

Faites cuire en mode **CUISSON SOUS PRESSION** pendant **4 MIN**. À la fin de la cuisson, ajoutez l'ail pressé et le paprika et mélangez délicatement.

VARIANTE

Utilisez des courgettes jaunes.

ROUGET ET PETITS POIS

4 PERSONNES • PRÉPARATION 10 MIN • CUISSON 6 MIN

8 filets de rougets
1 kg de petits pois frais
4 oignons
4 tomates séchées
20 cl de bouillon de légumes
sel, poivre

Écossez les petits pois. Pelez et coupez les oignons en morceaux. Hachez les tomates séchées.

Coupez un carré de papier cuisson, puis mettez-le dans le **PANIER VAPEUR**.

Mettez les petits pois dans la cuve du robot avec les oignons. Salez, poivrez et versez le bouillon.

Placez les filets de rougets dans le **PANIER VAPEUR**, puis installez le panier au-dessus des petits pois. Lancez la **CUISSON SOUS PRESSION** pour **6 MIN**.

Servez les petits pois avec les filets de rougets et arrosez d'une petite louche de bouillon. Parsemez de tomates séchées.

MAQUEREAUX AU VIN BLANC

2 PERSONNES • PRÉPARATION 5 MIN • CUISSON 4 MIN

2 maquereaux
1 oignon blanc
1 carotte
20 cl de vin blanc
10 cl de fumet de poisson
1 cuil. à café de moutarde
quelques baies roses
sel, poivre

Pelez et émincez l'oignon blanc et la carotte.

Dans la cuve du robot, versez le vin blanc et le fumet de poisson, puis ajoutez la moutarde. Mélangez bien. Ajoutez les maquereaux, puis les baies roses, salez et poivrez.

Lancez la **CUISSON SOUS PRESSION** pour **4 MIN**.

ASTUCE

Servez avec de petites pommes de terre vapeur.

LIEU NOIR AUX POIS GOURMANDS

4 PERSONNES • PRÉPARATION 10 MIN • CUISSON 9 MIN

4 filets de lieu noir
300 g de pois gourmands frais
1 oignon
1 cuil. à soupe de persil frais haché
sel, poivre

Pelez et émincez l'oignon finement. Réservez.

Versez 20 cl d'eau au fond de la cuve du robot.

Coupez une feuille de papier sulfurisé de la taille du **PANIER VAPEUR**.

Déposez les pois gourmands et l'oignon dans le panier, puis couvrez à l'aide du papier. Posez par-dessus les filets de lieu. Salez, poivrez et saupoudrez de persil frais.

Faites cuire en mode **CUISSON SOUS PRESSION** pendant **9 MIN**. Servez bien chaud.

RIZ AU SAFRAN ET LIEU NOIR

4 PERSONNES • PRÉPARATION 5 MIN • CUISSON 10 MIN

4 pavés de lieu noir
200 g de riz thaï complet
1 oignon
2 doses de safran
40 cl de bouillon de légumes dégraissé
sel, poivre

Pelez et émincez l'oignon.

Mettez le riz, le safran et le bouillon dans la cuve du robot et mélangez bien. Déposez les pavés de lieu noir sur le riz. Salez légèrement, poivrez et lancez le mode **CUISSON SOUS PRESSION** pour **10 MIN**.

À la fin de la cuisson, parsemez d'oignon frais et servez.

VARIANTE

Remplacez le lieu noir par un autre poisson blanc (cabillaud, colin…).

CURRY DE POISSON AUX CAROTTES

4 PERSONNES • PRÉPARATION 10 MIN • CUISSON 20 MIN

450 g de dos de cabillaud
250 g de crevettes roses
1 gros oignon jaune
2 gousses d'ail
2 cm de racine de gingembre
1 tige de citronnelle
4 carottes
1 boîte de tomates concassées
2 cuil. à soupe de curry
quelques brins de coriandre
sel, poivre

Pelez et hachez l'oignon, le gingembre et les gousses d'ail. Coupez la tige de citronnelle en deux. Pelez et émincez les carottes.

Versez 50 cl d'eau dans la cuve du robot et mettez l'ail, l'oignon, la citronnelle et le gingembre. Ajoutez le curry et mélangez.

Lancez la **CUISSON SOUS PRESSION** pour **12 MIN**. À la fin de la cuisson, retirez la citronnelle et mixez la sauce. Remettez la sauce dans la cuve et ajoutez les carottes, salez, poivrez. Lancez la **CUISSON SOUS PRESSION** pour **3 MIN**.

Coupez le cabillaud en morceaux et décortiquez les crevettes. À la fin de la cuisson, intégrez le poisson et les crevettes dans la cuve, puis sélectionnez le mode **MIJOTER** et laissez cuire pendant **5 MIN**. Servez parsemé de coriandre ciselée.

AUBERGINES FARCIES AU BŒUF

4 PERSONNES • PRÉPARATION 15 MIN • CUISSON 12 MIN

2 aubergines
200 g de bœuf haché à 5 % de MG
1 oignon
1 gousse d'ail
1 branche de céleri
1 petite boîte de maïs
1 boîte de tomates concassées
1 cuil. à café d'huile d'olive
sel, poivre

Coupez les aubergines en deux dans la longueur, puis évidez-les en laissant un peu de chair sur les bords. Pelez et hachez la gousse d'ail et l'oignon. Détaillez le céleri en petits morceaux. Égouttez le maïs. Hachez la chair des aubergines.

Versez l'huile d'olive dans la cuve du robot et faites-la chauffer en mode **DORER**. Faites revenir l'ail et l'oignon pendant **2 MIN**, puis ajoutez la viande. Faites dorer pendant **2 MIN**.

Intégrez les tomates, le céleri, la chair des aubergines et le maïs. Salez et poivrez, puis faites dorer encore **2 MIN** en remuant. Lancez le mode **CUISSON SOUS PRESSION** pour **3 MIN**.

Garnissez les aubergines de farce, puis mettez-les dans le **PANIER VAPEUR**. Versez 20 cl d'eau dans la cuve et mettez le panier dans la cuve. Lancez le mode **CUISSON SOUS PRESSION** pour **5 MIN**.

BIBIMBAP

4 PERSONNES • PRÉPARATION 15 MIN • CUISSON 13 MIN

200 g de riz basmati
200 g de pavé de bœuf
100 g de haricots verts
1 poignée de petits pois
1 carotte
100 g de chou rouge
2 cuil. à soupe de graines de sésame
1 cuil. à café d'huile d'olive

Pour la sauce
1 gousse d'ail
1 cm de racine de gingembre
1 cuil. à soupe d'huile de sésame
1 cuil. à café de sirop d'agave
3 cuil. à soupe de sauce soja
1 cuil. à café de piment frais haché

Équeutez les haricots verts. Mettez le riz dans la cuve du robot et recouvrez-le de 40 cl d'eau. Lancez la **CUISSON SOUS PRESSION** pour **9 MIN**. Réservez le riz.

Versez 20 cl d'eau dans la cuve. Placez les haricots verts et les petits pois dans le **PANIER VAPEUR** et mettez-le dans le robot. Lancez la **CUISSON SOUS PRESSION** pour **2 MIN**. Réservez.

Coupez la viande en lamelles. Versez l'huile d'olive dans la cuve du robot et faites-la chauffer en mode **DORER**. Faites revenir les lamelles de bœuf **2 MIN** en mélangeant. Pelez et hachez l'ail et le gingembre.

Dans un bol, mélangez tous les ingrédients de la sauce avec 1 cuil. à soupe d'eau. Pelez et râpez la carotte. Émincez finement le chou rouge.

Répartissez le riz dans quatre bols, puis déposez les petits pois, les haricots, un peu de chou et de carotte. Arrosez de sauce, puis parsemez de graines de sésame.

WRAPS DE POULET

4 PERSONNES • PRÉPARATION 15 MIN • CUISSON 8 MIN

4 galettes de blé
150 g de filet de poulet
100 g de carottes râpées
1 tomate
1 cœur de laitue

Pour la sauce
1 oignon rouge
3 cuil. à soupe de fromage blanc à 0 %
1 cuil. à soupe de jus de citron vert
1 pincée de paprika

Préparez la sauce. Pelez et émincez finement l'oignon rouge. Dans un bol, mélangez le fromage blanc avec le jus de citron et le paprika. Salez et poivrez, puis ajoutez l'oignon. Réservez au réfrigérateur.

Coupez le filet de poulet en dés. Découpez un carré de papier cuisson, puis mettez-le dans le **PANIER VAPEUR**. Mettez le poulet dans le panier puis faites cuire en mode **CUISSON SOUS PRESSION** pendant **8 MIN**.

À la fin de la cuisson, laissez le poulet tiédir, puis émiettez-le. Ajoutez-le dans la sauce au fromage blanc. Coupez la tomate en petits dés et émincez le cœur de laitue. Sur chaque galette, déposez un peu de laitue, de carottes râpées et de dés de tomate. Répartissez le mélange au poulet, puis roulez en serrant bien.

ASTUCE

Vous pouvez garnir vos wraps en fonction de vos envies, en ajoutant par exemple du chou râpé, des dés d'avocat ou encore un peu de fromage à tartiner.

POULET TANDOORI

4 PERSONNES • PRÉPARATION 10 MIN • MARINADE 30 MIN • CUISSON 10 MIN

4 filets de poulet

Pour la marinade

100 g de fromage blanc à 0 %

1 gousse d'ail

1 cuil. à café de gingembre moulu

4 cuil. à café d'épices tandoori

1 cuil. à soupe de jus de citron

Préparez la marinade. Mélangez dans un saladier le fromage blanc, 10 cl d'eau, le gingembre, les épices tandoori et le jus de citron. Pelez et pressez la gousse d'ail et ajoutez-la à la préparation.

Coupez les filets de poulet en morceaux et déposez-les dans la marinade. Mélangez de façon à ce qu'ils soient bien enrobés, filmez et laissez reposer au frais pendant au moins 30 min.

Déposez le tout au fond de la cuve du robot, versez 10 cl d'eau et lancez le mode **CUISSON SOUS PRESSION** pour **10 MIN**.

ASTUCE

Servez avec du riz basmati ou des courgettes vapeur.

TAJINE DE POULET AU CITRON

4 PERSONNES • PRÉPARATION 10 MIN • CUISSON 20 MIN

4 cuisses de poulet
3 carottes
2 pommes de terre
2 citrons confits
1 oignon
1 cuil. à soupe de jus de citron
1 cuil. à soupe d'épices à tajine (cannelle, gingembre, paprika, cumin…)
2 cuil. à soupe de raisins secs
8 olives vertes
1 cuil. à café d'huile d'olive
sel, poivre

Épluchez et coupez en gros morceaux les carottes et les pommes de terre. Coupez en deux les citrons confits. Pelez et émincez l'oignon.

Versez l'huile d'olive dans la cuve du robot et faites-la chauffer en mode **DORER**, puis faites colorer les cuisses de poulet pendant **5 MIN**. Réservez.

Versez 25 cl d'eau, le jus de citron et les épices à tajine au fond de la cuve. Ajoutez les légumes, les citrons confits, les raisins secs et les olives. Salez, poivrez. Déposez les cuisses de poulets au-dessus.

Lancez le mode **CUISSON SOUS PRESSION** pour **15 MIN** et dégustez.

ASTUCE

Accompagnez ce tajine de boulgour.

WOK DE POULET

4 PERSONNES • PRÉPARATION 10 MIN • MARINADE 30 MIN • CUISSON 7 MIN

400 g de blancs de poulet
1 chou chinois
100 g de carottes râpées
500 g de pousses de soja
½ bouquet de coriandre

Pour la marinade
1 citron vert non traité
1 gousse d'ail
1 cm de racine de gingembre
1 échalote
1 cuil. à soupe de sauce soja
1 cuil. à soupe d'huile de sésame

Coupez le poulet en lanières. Lavez les feuilles de chou et émincez-les.

Prélevez les zestes du citron vert et pressez le jus. Pelez l'ail et le gingembre et hachez-les. Pelez et émincez l'échalote.

Dans un saladier, mélangez l'ail, le gingembre, l'échalote, la sauce soja, le jus de citron, les zestes, l'huile de sésame et 5 cl d'eau. Ajoutez les morceaux de poulet. Mélangez de façon à ce qu'ils soient bien enrobés et laissez reposer au frais pendant au moins 30 min.

Faites chauffer le robot en mode **DORER**, puis faites revenir le poulet sans la marinade pendant **5 MIN** de façon à ce qu'il soit légèrement grillé.

Ajoutez les carottes râpées, le soja et le chou. Versez la marinade et faites cuire en mode **CUISSON SOUS PRESSION** pendant **2 MIN**. Servez parsemé de coriandre ciselée.

POULET
FAÇON POT-AU-FEU

4 PERSONNES • PRÉPARATION 10 MIN • CUISSON 30 MIN

2 gros filets de poulet
1 l de bouillon de volaille (recette p. 170)
10 mini-carottes
10 mini-navets
1 oignon
1 gousse d'ail
1 poireau
1 bouquet garni
quelques baies de genièvre
sel, poivre

Pelez les carottes et les navets si besoin et lavez-les. Pelez l'oignon et la gousse d'ail. Émincez et lavez le poireau. Coupez les filets de poulet en deux dans la longueur.

Mettez tous les légumes, avec le bouquet garni, les baies de genièvre, du sel et du poivre dans la cuve du robot. Ajoutez les filets de poulet, puis couvrez de bouillon de volaille.

Lancez le mode **CUISSON SOUS PRESSION** pour **30 MIN**.

POULET
AUX ENDIVES BRAISÉES

4 PERSONNES • PRÉPARATION 10 MIN • MARINADE 30 MIN • CUISSON 7 MIN

600 g de blancs de poulet
3 oignons
3 endives
1 sucrine
4 brins d'estragon
1 cuil. à soupe de graines de sésame

Pour la marinade
1 petite cuil. à café de sirop d'agave
le jus d'1 orange
1 cuil. à soupe d'huile d'olive
sel, poivre

Dans un bol, mélangez le sirop d'agave, le jus d'orange, l'huile d'olive, du sel et du poivre. Coupez le poulet en petits dés et faites-les mariner 30 min au réfrigérateur dans la marinade.

Pendant ce temps, émincez les oignons, les endives et la sucrine.

Faites chauffer le robot en mode **DORER**, puis faites revenir le poulet sans la marinade pendant **5 MIN** de façon à ce qu'il soit légèrement grillé.

Ajoutez l'estragon, les endives, la sucrine et les oignons. Versez la marinade et faites cuire en mode **CUISSON SOUS PRESSION** pendant **2 MIN**.

Servez aussitôt et saupoudrez de graines de sésame.

POULET VAPEUR, TAGLIATELLES DE LÉGUMES

4 PERSONNES • PRÉPARATION 10 MIN • CUISSON 11 MIN

4 filets de poulet
2 carottes
2 courgettes
1 oignon
2 brins de thym
sel, poivre

Coupez un carré de papier cuisson, puis déposez-le dans le **PANIER VAPEUR**. Mettez les filets de poulet et le thym dans le panier. Salez et poivrez.

Versez 20 cl d'eau dans la cuve du robot et mettez le panier dedans. Lancez le mode **CUISSON SOUS PRESSION** pour **8 MIN**.

Pendant ce temps, lavez les légumes. À l'aide d'un économe, réalisez des tagliatelles de carotte et de courgette. Pelez l'oignon et émincez-le.

À la fin de la cuisson, déposez l'oignon et les tagliatelles de légumes sur le poulet dans le **PANIER VAPEUR** et prolongez la cuisson de **3 MIN**.

VARIANTE

Pour une version plus gourmande, parsemez du comté râpé sur les légumes avant la cuisson.

DINDE AUX OIGNONS ROUGES

4 PERSONNES • PRÉPARATION 10 MIN • MARINADE 30 MIN • CUISSON 10 MIN

4 escalopes de dinde
2 oignons rouges
1 poignée de roquette
1 cuil. à café d'huile d'olive

Pour la marinade
100 g de fromage blanc à 0 %
1 cuil. à soupe de jus de citron
1 cuil. à café de paprika
1 cuil. à soupe de graines de moutarde
sel, poivre

Coupez les escalopes de dinde en lanières.

Dans un saladier, mélangez le fromage blanc avec le jus de citron, le paprika et les graines de moutarde. Salez et poivrez et ajoutez les morceaux de dinde. Mélangez de façon à ce qu'ils soient bien enrobés et laissez reposer au frais pendant au moins 30 min.

Pelez et émincez les oignons rouges. Mettez de côté quelques rondelles entières.

Versez l'huile d'olive dans la cuve du robot, faites-la chauffer en mode **DORER** et faites revenir les oignons émincés. Ajoutez la dinde et sa marinade, puis versez 10 cl d'eau. Lancez le mode **CUISSON SOUS PRESSION** pour **10 MIN**.

Au moment de servir, décorez avec la roquette et les rondelles d'oignon rouge cru.

COURGETTES FARCIES, DINDE ET ÉPICES

4 PERSONNES • PRÉPARATION 10 MIN • CUISSON 10 MIN

2 courgettes
2 escalopes de dinde
1 poignée de raisins secs
1 cuil. à café d'épices à tajine
1 œuf
2 cuil. à soupe de cottage cheese
sel

En mode **DORER**, faites revenir **2 MIN** les escalopes de dinde à sec dans le robot.

Hachez les escalopes de dinde. Dans un bol, mélangez la dinde avec les raisins secs, les épices, le cottage cheese, l'œuf et 1 pincée de sel. Mélangez bien.

Lavez et coupez en deux les courgettes dans la longueur. Creusez-les à l'aide d'une cuillère à café. Remplissez-les de farce, puis déposez-les dans le **PANIER VAPEUR**.

Versez 20 cl d'eau au fond de la cuve, puis placez le panier. Lancez la **CUISSON SOUS PRESSION** pour **8 MIN**.

ASTUCE

Accompagnez ces courgettes farcies de riz ou de blé.

POÊLÉE DE COURGETTES, POIS CHICHES ET JAMBON

4 PERSONNES • PRÉPARATION 10 MIN • CUISSON 6 MIN

3 courgettes
100 g de pois chiches cuits en conserve
1 oignon
10 tomates cerise
100 g de dés de jambon
1 cuil. à café d'huile d'olive
15 cl de bouillon de légumes

Pelez et émincez l'oignon. Lavez et coupez les courgettes en rondelles. Lavez et coupez les tomates cerise en deux.

Versez l'huile d'olive dans la cuve du robot et faites-la chauffer en mode **DORER**. Faites revenir l'oignon et les dés de jambon pendant **2 MIN**. Ajoutez les tomates et les courgettes, puis faites revenir pendant **1 MIN**. Intégrez les pois chiches rincés et égouttés.

Versez le bouillon et lancez le mode **CUISSON SOUS PRESSION** pour **3 MIN**.

BOULETTES DE DINDE AU YAOURT ET CRESSON

4 PERSONNES • PRÉPARATION 15 MIN • CUISSON 8 MIN

400 g de filet de dinde
2 cuil. à soupe de yaourt nature à 0 %
1 bouquet de cresson
1 gousse d'ail
1 cuil. à soupe de farine
1 cuil. à soupe de moutarde à l'ancienne
1 œuf
10 cl de bouillon de légumes
1 cuil. à soupe d'huile d'olive
sel, poivre

Lavez et ciselez finement le cresson. Pelez la gousse d'ail.

Hachez la viande avec la farine, la gousse d'ail écrasée, le yaourt, la moutarde et l'œuf. Salez, poivrez et ajoutez le cresson. Mélangez bien.

Formez des boulettes de la taille de grosses noix.

Versez l'huile d'olive dans la cuve du robot et faites-la chauffer en mode **DORER**. Faites revenir les boulettes sur toutes leurs faces pendant **3 MIN**. Versez le bouillon et prolongez la cuisson en mode **CUISSON SOUS PRESSION** pendant **5 MIN**.

VARIANTE

Remplacez le cresson par des pousses d'épinards.

ŒUFS COCOTTES À LA DINDE ET AUX LÉGUMES CROQUANTS

4 PERSONNES • PRÉPARATION 10 MIN • CUISSON 3 MIN

4 œufs bio
2 tranches de jambon de dinde
1 petite courgette
100 g de petits pois écossés
4 cuil. à café de crème allégée
quelques brins de ciboulette
sel, poivre

Coupez finement les tranches de jambon et la courgette en petits dés.

Dans quatre ramequins, mettez 1 cuil. de crème allégée, puis répartissez le jambon, les petits pois et les dés de courgette.

Cassez délicatement 1 œuf par ramequin, puis salez et poivrez.

Mettez les ramequins dans le **PANIER VAPEUR**. Versez de l'eau dans la cuve du robot et installez le panier. Faites cuire en **CUISSON SOUS PRESSION** pendant **3 MIN**. Saupoudrez de ciboulette ciselée et servez aussitôt.

SAUTÉ DE DINDE AU PAPRIKA ET RIZ THAÏ

4 PERSONNES • PRÉPARATION 10 MIN • CUISSON 12 MIN

600 g de filets de dinde
1 oignon
1 cuil. à soupe de paprika
300 g de riz thaï
45 cl de bouillon de légumes
1 cuil. à café d'huile d'olive
sel, poivre

Coupez les filets de dinde en morceaux. Pelez et émincez l'oignon.

Versez l'huile d'olive dans la cuve du robot et faites-la chauffer en mode **DORER**. Faites revenir l'oignon, le paprika et les morceaux de dinde pendant **2 MIN**. Réservez dans le **PANIER VAPEUR**. Salez et poivrez.

Versez le bouillon et le riz au fond de la cuve.

Placez le **PANIER VAPEUR** au-dessus et lancez le mode **CUISSON SOUS PRESSION** pour **10 MIN**.

ESCALOPE DE DINDE ROULÉE AU THYM ET PETIT-SUISSE

4 PERSONNES • PRÉPARATION 15 MIN • CUISSON 12 MIN

4 escalopes de dinde
2 courgettes
2 petits-suisses
1 citron jaune
2 tomates séchées
1 petite poignée de pistaches émondées
10 brins de thym
10 cl de bouillon de volaille (recette p. 170)
1 cuil. à café d'huile d'olive
sel, poivre

Pelez le citron à vif et retirez les segments. Coupez-les en petits morceaux. Hachez grossièrement les pistaches et les tomates séchées. Dans un bol, mélangez les petits-suisses avec les morceaux de citron, les pistaches et les tomates. Salez, poivrez et mélangez bien.

Coupez les escalopes en deux dans la longueur et étalez-les sur le plan de travail. Déposez sur chacune une bonne cuil. de préparation au petit-suisse. Étalez légèrement, puis roulez en maintenant avec une pique en bois.

Lavez et coupez les courgettes en rondelles.

Versez l'huile d'olive dans la cuve du robot et faites-la chauffer en mode **DORER**. Faites colorer rapidement les roulés de dinde, **2 MIN**. Versez le bouillon et ajoutez les branches de thym. Déposez les courgettes. Lancez le mode **CUISSON SOUS PRESSION** pour **10 MIN**.

PORC MARINÉ ET CÉLERI

4 PERSONNES • PRÉPARATION 15 MIN • MARINADE 30 MIN • CUISSON 12 MIN

1 filet mignon de porc (environ 600 g)
1 petite boule de céleri-rave
quelques brins de persil frais
sel, poivre

Pour la marinade
10 cl de jus d'orange
1 cuil. à soupe d'huile d'olive
1 pincée de cumin en poudre
1 cuil. à café de graines de coriandre

Coupez le filet mignon en cubes. Dans un saladier, mélangez le jus d'orange avec l'huile d'olive, le cumin et les graines de coriandre. Ajoutez les morceaux de porc et laissez mariner 30 minutes au réfrigérateur.

Pelez et coupez le céleri en cubes.

Une fois la viande marinée, lancez le robot en mode **DORER**. Faites revenir les morceaux de viande avec la marinade pendant **2 MIN**.

Versez 5 cl l'eau, puis ajoutez les morceaux de céleri, salez et poivrez. Lancez la **CUISSON SOUS PRESSION** pour **10 MIN**. Servez saupoudré de persil ciselé.

FILET MIGNON À LA VAPEUR

4 PERSONNES • PRÉPARATION 5 MIN • MARINADE 30 MIN • CUISSON 10 MIN

1 filet mignon (environ 600 g)

Pour la marinade
3 oignons
1 citron
1 petit-suisse
sel, poivre

Coupez le filet mignon en tranches. Pelez et émincez les oignons. Pressez le citron.

Dans un saladier, mélangez le petit-suisse avec le jus de citron et les oignons. Salez et poivrez et ajoutez les morceaux de viande. Mélangez bien et faites mariner 30 min au réfrigérateur.

Déposez les tranches de filet mignon dans le **PANIER VAPEUR**. Versez 20 cl d'eau dans la cuve du robot, puis posez le panier dedans. Lancez le mode **CUISSON SOUS PRESSION** pour **10 MIN**.

FILET MIGNON AUX COURGETTES

4 PERSONNES • PRÉPARATION 10 MIN • CUISSON 12 MIN

300 g de filet mignon
3 courgettes
4 oignons
10 tomates cerise
4 cuil. à soupe de moutarde à l'ancienne
5 cl de vin blanc
5 cl d'eau
4 brins de romarin
sel, poivre

Pelez et émincez les oignons. Lavez et coupez les tomates cerise en deux. Lavez et coupez les courgettes en rondelles. Détaillez le filet mignon en tranches épaisses, puis badigeonnez-les de moutarde.

Déposez les oignons dans le fond de la cuve avec les courgettes. Placez au-dessus les morceaux de filet mignon et les tomates cerise. Ajoutez le romarin, puis versez 5 cl d'eau et le vin blanc. Salez et poivrez.

Lancez le mode **CUISSON SOUS PRESSION** pour **12 MIN**.

SAUTÉ DE VEAU AU CITRON CONFIT

4 PERSONNES • PRÉPARATION 10 MIN • CUISSON 29 MIN

600 g d'épaule de veau
2 gousses d'ail
1 citron confit
1 cuil. à soupe de farine
5 cl de vin blanc
1 pincée de curcuma en poudre
3 brins de thym
15 cl de bouillon de légumes
1 cuil. à café d'huile d'olive
sel, poivre

Coupez la viande en morceaux. Pelez et hachez l'ail. Coupez le citron confit en dés.

Versez l'huile d'olive dans la cuve du robot et faites-la chauffer en mode **DORER**. Faites revenir la viande pendant **2 MIN** en mélangeant régulièrement. Saupoudrez de farine et mélangez bien de façon à bien enrober les morceaux de viande.

Ajoutez l'ail et versez le vin blanc. Laissez mijoter encore **2 MIN**.

Intégrez le citron confit, le curcuma, le thym et versez le bouillon de légumes. Salez légèrement et poivrez. Lancez le mode **CUISSON SOUS PRESSION** pour **25 MIN**.

ASTUCE

Accompagnez ce plat de légumes vapeur.

VEAU AU CITRON ET GRAINES DE FENOUIL

4 PERSONNES • PRÉPARATION 10 MIN • CUISSON 10 MIN

4 escalopes de veau
1 citron non traité
1 échalote
1 gousse d'ail
1 cuil. à café de graines de fenouil
1 cuil. à soupe rase de farine 5 cl de vin blanc
10 cl de bouillon de volaille (recette p. 170)
200 g de petits pois écossés
20 g de pousses d'épinards
1 cuil. à café d'huile d'olive
sel, poivre

Émincez les escalopes de veau. Prélevez les zestes du citron, puis pressez le jus. Pelez et hachez l'échalote et la gousse d'ail.

Versez l'huile d'olive dans la cuve du robot et faites-la chauffer en mode **DORER**. Faites revenir la viande avec les graines de fenouil pendant **2 MIN** en mélangeant régulièrement. Saupoudrez de farine et remuez de façon à bien enrober les morceaux de viande.

Versez le jus de citron, mélangez bien, ajoutez le vin blanc et le bouillon. Salez, poivrez. Mettez les petits pois et lancez le mode **CUISSON SOUS PRESSION** pour **8 MIN**.

À la fin de la cuisson, intégrez les épinards et mélangez. Servez aussitôt.

AGNEAU AUX FÈVES

4 PERSONNES • PRÉPARATION 15 MIN • CUISSON 38 MIN

- 600 g de gigot d'agneau désossé
- 800 g de fèves pelées
- 2 gousses d'ail
- 1 gros oignon
- 2 cuil. à soupe de concentré de tomate
- 1 boîte de tomates pelées
- 1 dose de safran, en filaments
- 10 cl de vin blanc
- 10 cl de bouillon de légumes
- 2 branches de romarin
- 1 cuil. à soupe d'huile d'olive
- sel, poivre

Coupez l'agneau en cubes. Pelez et émincez l'oignon et les gousses d'ail.

Versez l'huile d'olive dans la cuve du robot, faites-la chauffer en mode **DORER** et faites revenir l'oignon et l'ail émincés **1 MIN**.

Ajoutez la viande et faites-la bien dorer **2 MIN**. Quand les morceaux sont bien colorés, incorporez le concentré de tomate, le safran, les tomates pelées, le vin et le bouillon. Salez, poivrez et ajoutez le romarin. Lancez le mode **CUISSON SOUS PRESSION** pour **30 MIN**.

À la fin de la cuisson, intégrez les fèves, puis prolongez la **CUISSON SOUS PRESSION** de **5 MIN**.

COURGETTES BOLOGNAISE

4 PERSONNES • PRÉPARATION 10 MIN • CUISSON 10 MIN

350 g de bœuf haché à 5 % de MG
4 courgettes
2 oignons
20 cl de bouillon de bœuf
20 cl de coulis de tomates
1 cuil. à soupe de concentré de tomate
1 cuil. à café d'huile d'olive
sel, poivre

Lavez et coupez les courgettes en morceaux. Pelez et hachez les oignons.

Versez l'huile d'olive dans la cuve du robot et faites-la chauffer en mode **DORER**. Faites revenir l'oignon et le bœuf pendant **2 MIN**.

Intégrez les courgettes et faites revenir **1 MIN**.

Versez le bouillon de bœuf et le coulis de tomates, puis le concentré. Salez, poivrez. Lancez le mode **CUISSON SOUS PRESSION** pour **7 MIN**.

ASTUCE

Ajoutez un peu de fromage râpé au moment de servir.

BÉCHAMEL ALLÉGÉE

50 CL • PRÉPARATION 8 MIN • CUISSON 4 MIN

20 g de margarine à 41 % de MG
1 petit-suisse
20 g de fécule de maïs
40 cl de lait écrémé
1 pincée de muscade râpée
sel

Mettez la margarine et le petit-suisse dans la cuve du robot. Lancez le mode **DORER** et faites fondre en mélangeant rapidement pendant le préchauffage.

Arrêtez le robot, puis posez la cuve sur un support résistant à la chaleur.

Ajoutez la fécule, la muscade et le sel, puis mélangez le roux à l'aide d'une cuillère en bois.

Replacez la cuve et versez-y le lait. En mode **DORER**, chauffez la préparation et remuez jusqu'à obtenir une texture onctueuse et lisse.

SAUCE TOMATE

2 GROS POTS • PRÉPARATION 15 MIN • CUISSON 13 MIN

2 kg de tomates bien mûres
½ oignon jaune
2 gousses d'ail
1 cuil. à soupe de vinaigre balsamique
1 cuil. à café de sucre
1 cuil. à café d'huile d'olive
sel, poivre

Lavez et coupez les tomates en morceaux. Pelez et émincez l'oignon et les gousses d'ail.

Versez l'huile d'olive dans la cuve du robot et faites-la chauffer en mode **DORER**, puis faites revenir l'ail et l'oignon pendant **2 MIN**. Ajoutez le sucre et le vinaigre et prolongez la cuisson d'**1 MIN** en remuant constamment.

Intégrez les tomates, salez, poivrez, puis versez 7 cl d'eau. Faites cuire en mode **CUISSON SOUS PRESSION** pendant **10 MIN**.

À la fin de la cuisson, mixez la sauce et réservez dans des bocaux préalablement stérilisés.

VARIANTE

Ajoutez 10 feuilles de basilic en même temps que les tomates.

SAUCE À L'AUBERGINE

4 PERSONNES • PRÉPARATION 10 MIN • CUISSON 17 MIN

1 aubergine
½ oignon
20 g de tomates confites
1 petit-suisse
1 brin de thym frais
1 brin de romarin frais
sel, poivre

Lavez, puis coupez l'aubergine en petits dés. Pelez et émincez l'oignon.

Égouttez les tomates, coupez-les en deux, puis placez-les dans la cuve du robot. Ajoutez les dés d'aubergine et l'oignon. En mode **DORER**, faites revenir le tout pendant **2 MIN** en mélangeant.

Intégrez ensuite le petit-suisse, puis remuez à l'aide d'une cuillère en bois.

Versez 10 cl d'eau, salez, poivrez et ajoutez le thym et le romarin. Faites cuire en mode **CUISSON SOUS PRESSION** pendant **15 MIN**.

Mixez rapidement. Servez avec du riz, des pâtes ou encore des aiguillettes de poulet.

BOUILLON DE LÉGUMES VERTS AU CURCUMA

4 PERSONNES • PRÉPARATION 15 MIN • CUISSON 15 MIN

1 poireau
2 branches de céleri
100 g de chou kale
200 g de brocoli
1 gousse d'ail
1 oignon jaune
1 bouquet de persil
½ cuil. à café de curcuma en poudre
1 cuil. à soupe de sel de Guérande
poivre

Pelez l'ail et l'oignon et coupez-les en morceaux. Émincez le poireau, les feuilles de chou kale et les branches de céleri et lavez-les. Détaillez le brocoli en fleurettes. Hachez le persil.

Mettez tous les légumes dans la cuve du robot et ajoutez le persil, le curcuma, le sel et du poivre.

Versez 1,5 litre d'eau et lancez le mode **CUISSON SOUS PRESSION** pour **15 MIN**.

À la fin de la cuisson, filtrez le bouillon et réservez-le. Vous pouvez utiliser ce bouillon pour vos recettes ou le déguster tel quel.

ASTUCE

Si vous souhaitez utiliser les légumes, mixez-les avec un peu de bouillon pour en faire une soupe.

BOUILLON DE VOLAILLE

4 PERSONNES • PRÉPARATION 15 MIN • CUISSON 30 MIN

- 1 carcasse de poulet en morceaux
- 2 poireaux
- 1 branche de céleri
- 2 carottes
- 1 oignon jaune
- 3 branches de céleri
- 3 brins de thym
- 1 cuil. à café de poivre noir en grains
- 1 cuil. à café de gros sel

Lavez les poireaux et la branche de céleri. Pelez les carottes et l'oignon. Coupez tous les légumes en morceaux.

Mettez les légumes, la carcasse, le poivre, le sel et les aromates dans la cuve du robot.

Versez 1,5 litre d'eau et lancez le mode **CUISSON SOUS PRESSION** pour **30 MIN**. À la fin de la cuisson, filtrez le bouillon.

ASTUCE

Pour une version dégraissée, une fois refroidi, placez le bouillon au réfrigérateur pendant 3 h, puis retirez la couche de graisse à la surface.

BOUILLON DE POISSON

4 PERSONNES • PRÉPARATION 10 MIN • CUISSON 20 MIN

600 g de parures de poisson
1 carotte
2 branches de céleri
1 oignon
50 cl de vin blanc sec
2 feuilles de laurier
2 cuil. à soupe de persil séché
2 cuil. à soupe de coriandre séchée
1 cuil. à café de poivre
1 cuil. à café de sel

Pelez la carotte et coupez-la en tronçons. Lavez et émincez le céleri. Pelez l'oignon et coupez-le en quatre.

Mettez tous les ingrédients dans la cuve du robot avec 70 cl d'eau et lancez la **CUISSON SOUS PRESSION** pour **20 MIN**.

À la fin de la cuisson, filtrez le bouillon et réservez-le au réfrigérateur 3 jours maximum.

ASTUCE

Vous pouvez congeler le bouillon dans des bacs à glaçons afin de pouvoir le conserver et l'utiliser en petites portions.

MAYONNAISE SANS HUILE

1 BOL • PRÉPARATION 5 MIN • CUISSON 1 MIN • RÉFRIGÉRATION 1 H

20 cl de bouillon de légumes
½ cuil. à café d'agar-agar
1 jaune d'œuf
1 cuil. à soupe de moutarde
1 cuil. à soupe de jus de citron
sel, poivre

Dans la cuve du robot, versez le bouillon de légumes et lancez le mode **DORER**.

Au premier bouillon, ajoutez l'agar-agar, puis mélangez constamment pendant **20 S**. Stoppez la cuisson.

Versez dans un bol et laissez prendre la gelée au réfrigérateur pendant 1 h.

Dans un bol, mélangez le jaune d'œuf, la moutarde, le jus de citron, du sel et du poivre. Ajoutez progressivement la gelée, tout en battant fermement jusqu'à obtention d'une texture onctueuse.

VARIANTE

Battez le blanc de l'œuf en neige, puis incorporez-le à la préparation. Vous pouvez conserver cette mayonnaise 2 à 3 jours au frais.

AÏOLI

1 BOL • PRÉPARATION 5 MIN • CUISSON 1 MIN • RÉFRIGÉRATION 1 H

20 cl de bouillon de légumes
½ cuil. à café d'agar-agar
1 jaune d'œuf
1 cuil. à soupe de moutarde
½ cuil. à soupe de vinaigre de vin
1 gousse d'ail
sel, poivre

Mélangez le bouillon de légumes et l'agar-agar dans la cuve du robot, puis lancez le mode **DORER**. Remuez jusqu'à ébullition, puis comptez **20 S** avant de stopper la cuisson.

Versez dans un bol et laissez prendre la gelée au frais pendant 1 h.

Dans un bol, mélangez le jaune d'œuf, la moutarde, le vinaigre, du sel et du poivre.

Pelez et dégermez la gousse d'ail. Pressez l'ail au-dessus de la préparation et mélangez. Ajoutez progressivement la gelée, en mixant finement au mixeur plongeur jusqu'à obtention d'une texture onctueuse.

CRÈME VAPEUR À L'ORANGE

4 PERSONNES • PRÉPARATION 10 MIN • CUISSON 5 MIN • RÉFRIGÉRATION 4 H

1 orange non traitée
50 cl de lait
3 œufs
3 cuil. à soupe de sucre
1 cuil. à soupe de fécule de maïs

Délayez la fécule de maïs dans 2 cuil. à soupe de lait. Réservez. Prélevez le zeste de l'orange et mettez-le dans la cuve du robot avec le reste du lait. Faites chauffer le robot en mode **DORER**. Au premier frémissement, stoppez la cuisson. Filtrez le lait parfumé. Dans un saladier, battez les œufs et le sucre jusqu'à obtention d'un mélange mousseux. Versez le lait chaud.

Remettez le tout dans la cuve et incorporez la fécule délayée. Lancez le mode **DORER**, et fouettez sans cesse jusqu'à un léger épaississement, puis arrêtez la cuisson. Versez la crème dans quatre pots avec couvercles.

Rincez la cuve, puis versez 20 cl d'eau. Placez les ramequins fermés dans le **PANIER VAPEUR** et faites cuire en mode **CUISSON SOUS PRESSION** pendant **2 MIN**. Prélevez les suprêmes de l'orange et répartissez-les au-dessus des crèmes. Laissez refroidir, puis placez au réfrigérateur au moins 4 h avant de déguster.

COMPOTE DE MIRABELLES

4 PERSONNES • PRÉPARATION 10 MIN • CUISSON 9 MIN

400 g de mirabelles fraîches
1 pomme

Rincez et dénoyautez les mirabelles.

Pelez la pomme, épépinez-la, puis coupez-la en quartiers.

Versez 10 cl d'eau et les fruits dans la cuve du robot. Faites cuire en mode **CUISSON SOUS PRESSION** pendant **9 MIN**.

À la fin de la cuisson, mixez finement pour obtenir une texture veloutée.

COMPOTE DE POMMES ET CERISES

4 PERSONNES • PRÉPARATION 10 MIN • CUISSON 12 MIN

3 pommes golden
200 g de cerises
2 sachets de tisane à la camomille

Faites infuser la tisane dans 10 cl d'eau frémissante, puis versez-la dans la cuve du robot.

Lavez et dénoyautez les cerises. Pelez et épépinez les pommes. Coupez-les en morceaux, puis mettez-les dans la cuve. Ajoutez les cerises.

Lancez le mode **CUISSON SOUS PRESSION** pour **12 MIN.**

À la fin de la cuisson, mixez finement et laissez refroidir.

SOUPE DE FRAISES

4 PERSONNES • PRÉPARATION 10 MIN • CUISSON 1 MIN

600 g de fraises gariguette
10 feuilles de menthe
1 cuil. à soupe de sirop d'agave
2 cuil. à soupe de fromage blanc à 0 %

Lavez et équeutez les fraises.

Mettez les fraises, la menthe, le sirop d'agave et 15 cl d'eau dans la cuve du robot. Lancez la **CUISSON SOUS PRESSION** pour **1 MIN**.

À la fin de la cuisson, ajoutez le fromage blanc. Mixez le tout et laissez la préparation refroidir.

Servez bien frais.

COMPOTÉE DE PÊCHES

4 PERSONNES • PRÉPARATION 5 MIN • INFUSION 3 MIN • CUISSON 9 MIN

8 pêches jaunes
2 sachets de tisane à la verveine
1 gousse de vanille

Pelez les pêches, dénoyautez-les, puis coupez-les en morceaux. Fendez la gousse de vanille en deux, grattez les grains à l'aide d'un couteau bien aiguisé. Réservez.

Faites chauffer le robot en mode **DORER**, puis versez 10 cl d'eau dans la cuve. Quand l'eau frémit, arrêtez la cuisson et faites infuser les sachets de tisane pendant 3 min.

Ajoutez les autres ingrédients dans la cuve du robot, puis lancez la **CUISSON SOUS PRESSION** pour **9 MIN**.

Mixez rapidement la compotée de façon à ce qu'il reste quelques morceaux.

ASTUCE

Cette préparation peut également garnir un fond de tarte aux fruits ou des chaussons.

PETITS MOELLEUX LÉGERS AU CITRON

4 PERSONNES • PRÉPARATION 10 MIN • CUISSON 14 MIN

- 1 citron non traité
- 75 g de farine semi-complète
- 50 g de fécule de maïs
- 2 cuil. à soupe de cassonade
- 1 cuil. à café de poudre à lever
- 1 œuf
- 100 g de fromage blanc
- 2 cuil. à café de miel liquide

Rincez, puis prélevez le zeste du citron. Pressez le jus. Réservez la moitié du jus.

Dans un bol, mélangez la farine, la fécule, le zeste, la cassonade et la poudre à lever.

Dans un autre bol, battez l'œuf, le fromage blanc, le jus de citron et 1 cuil. à café de miel, puis mélangez les deux préparations. Répartissez dans quatre ramequins, puis recouvrez-les hermétiquement de papier sulfurisé.

Versez 20 cl d'eau au fond de la cuve du robot. Déposez les ramequins dans le **PANIER VAPEUR**, puis faites cuire en mode **CUISSON SOUS PRESSION** pendant **14 MIN**.

Dans un bol, mélangez 10 cl d'eau et 1 cuil. à café de miel. Baignez ensuite les petits moelleux dans ce mélange avant de les servir tièdes.

ANANAS CARAMÉLISÉ

4 PERSONNES • PRÉPARATION 15 MIN • CUISSON 3 MIN

1 ananas
1 citron vert non traité
1 gousse de vanille
3 cuil. à soupe de sirop d'agave

Prélevez les zestes du citron et pressez le jus. Fendez la gousse de vanille et récupérez les graines. Pelez l'ananas et coupez-le en dés.

Lancez le robot en mode **DORER** et faites caraméliser l'ananas avec le sirop d'agave pendant **2 MIN**.

Ajoutez les graines de vanille, les zestes et le jus du citron et 2 cuil. à soupe d'eau, puis lancez la **CUISSON SOUS PRESSION** pour **1 MIN**. Servez tiède ou froid.

ABRICOTS FARCIS AUX AMANDES

4 PERSONNES • PRÉPARATION 10 MIN • CUISSON 8 MIN

12 abricots frais
100 g d'amandes décortiquées émondées
1 cuil. à soupe de miel

Rincez, puis ôtez les noyaux des abricots en les ouvrant en deux.

Dans un bol, concassez les amandes, puis mélangez-les avec le miel.

Garnissez l'intérieur des fruits avec la préparation aux amandes, puis refermez-les.

Versez 20 cl d'eau au fond de la cuve du robot.
Déposez les abricots dans le **PANIER VAPEUR**, puis lancez la **CUISSON SOUS PRESSION** pour **8 MIN**.
Servez tiède.

ASTUCE

Accompagnez ces abricots de yaourt à la grecque.

POIRES POCHÉES AUX ÉPICES

4 PERSONNES • PRÉPARATION 10 MIN • CUISSON 5 MIN

4 poires
50 cl de vin blanc moelleux
2 étoiles de badiane
2 bâtons de cannelle
1 cuil. à soupe de miel
4 grains de poivre noir

Versez le vin, le miel, la cannelle, la badiane et les grains de poivre dans la cuve du robot.

Pelez les poires, coupez-les en deux dans la longueur et épépinez-les.

Déposez les fruits dans la cuve et lancez la cuisson en mode **DORER**. Retournez et arrosez régulièrement les poires.

Comptez **4-5 MIN** après ébullition, puis retirez délicatement les fruits de la cuve. Servez encore tiède.

POMMES FARCIES AUX PRUNEAUX

4 PERSONNES • PRÉPARATION 5 MIN • CUISSON 11 MIN

- 4 pommes
- 4 pruneaux dénoyautés
- 1 cuil. à soupe d'eau de fleur d'oranger
- 4 cuil. à café de sirop d'agave

Pelez et évidez les pommes. Mettez 1 pruneau au centre de chaque pomme.

Versez 20 cl d'eau et l'eau de fleur d'oranger dans la cuve du robot. Déposez les pommes, puis arrosez chacune d'1 cuil. à café de sirop d'agave.

Lancez le mode **CUISSON SOUS PRESSION** pour **11 MIN**. Laissez refroidir les pommes dans le sirop avant de déguster.

PORRIDGE À LA BANANE ET AUX FRAMBOISES

2 PERSONNES • PRÉPARATION 5 MIN • CUISSON 2 MIN

3 bananes
250 g d'avoine
40 cl de lait d'amande
200 g de framboises
1 cuil. à soupe de graines de courge
quelques amandes effilées

Pelez et coupez 2 bananes et placez-les dans la cuve du robot avec l'avoine.

Versez le lait d'amande, puis faites chauffer en mode **DORER** jusqu'à ébullition.

Remuez sans cesse (préchauffage compris) pendant **1-2 MIN** jusqu'à obtention d'une texture épaisse.

Laissez refroidir quelques minutes, puis répartissez dans des bols.

Pelez et coupez la banane restante en lamelles.
Sur chaque bol, déposez des lamelles de banane, des framboises, des graines de courges et des amandes effilées.

ASTUCE

Agrémentez votre porridge avec des fruits de saison.

YAOURT

4 PERSONNES • PRÉPARATION 5 MIN • CUISSON 5 MIN • REPOS 12 H

1 l de lait entier
2 g de ferments lactiques
2 cuil. à soupe de lait en poudre

Versez le lait dans la cuve du robot. En mode **DORER**, portez le lait à ébullition pendant **2 MIN** en remuant régulièrement. Réservez-le dans un saladier et laissez tiédir. Le lait ne doit pas dépasser 30 °C pour la suite de la recette.

Incorporez les ferments dans le lait tiède, ainsi que la poudre de lait. Mélangez bien et répartissez dans des pots avec couvercles (ou couvrez-les d'un film alimentaire).

Rincez la cuve, puis versez-y 40 cl d'eau. En mode **DORER**, faites chauffer l'eau à 50 °C, puis éteignez l'appareil. Sans attendre, déposez les pots au fond de la cuve et refermez le robot, toujours éteint.

Patientez 12 h, puis placez les yaourts pendant au moins 2 h au frais avant dégustation.

ASTUCE

Conservez ces yaourts pendant 3 à 4 jours au réfrigérateur.

CRÈME AU LAIT D'AMANDE

6 PERSONNES • PRÉPARATION 5 MIN • CUISSON 3 MIN • RÉFRIGÉRATION 12 H

- 50 cl de lait d'amande non sucré
- 2 feuilles de gélatine
- 30 g de sirop d'agave
- 1 cuil. à soupe de fécule de maïs
- 1 pincée de vanille en poudre

Faites tremper les feuilles de gélatine dans un récipient d'eau froide.

Délayez la fécule de maïs dans 2 cuil. à soupe de lait.

Versez le lait d'amande dans la cuve du robot et ajoutez la fécule délayée, les feuilles de gélatine essorée, le sirop d'agave et la vanille.

Sélectionnez le mode **DORER**, puis portez à ébullition en remuant constamment (préchauffage compris) **3 MIN**. Dès le premier bouillon, arrêtez le robot.

Versez la préparation dans des ramequins, puis laissez refroidir. Placez au réfrigérateur au moins 12 heures avant de déguster.

GELÉE DE COING ALLÉGÉE

3 OU 4 POTS • PRÉPARATION 10 MIN • CUISSON 28 MIN • RÉFRIGÉRATION 6 H

4 coings
2 cuil. à soupe de sirop d'érable
1 cuil. à soupe de sucre
2 cuil. à soupe de pectine en sachet

Pelez les coings, épépinez-les, puis coupez-les en morceaux.

Versez le sirop d'érable et 20 cl d'eau froide dans la cuve du robot. Ajoutez les morceaux de coing, puis faites cuire en mode **CUISSON SOUS PRESSION** pendant **25 MIN**.

À la fin de la cuisson, mixez finement au blender la préparation, puis reversez la compote dans la cuve.

En mode **DORER**, chauffez la préparation et saupoudrez de pectine et de sucre. Maintenez à ébullition pendant **3 MIN** (préchauffage compris) en remuant constamment.

Transférez la gelée dans un bocal en verre, refermez, puis placez au frais pendant au moins 6 h.

ASTUCE

Conservez au réfrigérateur 2 semaines maximum.

INDEX

ENTRÉES

Artichaut vapeur et vinaigrette légère **7**
Caponata **20**
Caviar d'aubergine au cumin **6**
Petits flans aux légumes verts **9**
Poireaux et œuf mollet **8**
Salade brocoli-carottes au miso **10**
Salade César légère **29**
Salade croquante de légumes verts **13**
Salade de betterave à la feta **14**
Salade de crevettes rôties au gingembre **25**
Salade de farfalles complètes aux légumes **15**
Salade de lentilles à la truite fumée **18**
Salade de lentilles beluga, fenouil mariné aux épices **16**
Salade de pois chiches et butternut **12**
Salade de pommes de terre aux maquereaux **19**
Salade de raie et courgettes aux câpres **24**
Salade de riz au poulet mariné **30**
Salade de thon rouge mariné au combava **26**
Salade niçoise tiède **28**
Salade thaïe au bœuf **31**
Taboulé vert aux raisins secs **21**
Terrine de saumon au fromage frais **22**

SOUPES ET VELOUTÉS

Bouillon au sarrasin et maquereau fumé **32**
Bouillon de coques **34**
Bouillon de légumes et pousses d'épinards **35**
Bouillon thaï au poulet **36**
Crème d'artichaut au piment d'Espelette **62**
Crème de chou-fleur et sésame **63**
Minestrone à l'orge **40**
Ramen **39**
Soupe au pistou **47**
Soupe aux crevettes et lait de coco allégé **58**
Soupe complète aux petits pois et orge perlé **44**
Soupe de céleri, poireau et carotte **59**
Soupe de courgettes aux graines de courge **43**
Soupe de légumes **42**
Soupe de maïs **52**
Soupe d'épinards à la brousse **46**
Soupe de pois cassés à la truite fumé **56**
Soupe de poivrons au basilic **48**
Soupe d'hiver au sarrasin **60**
Soupe miso **38**
Velouté aux légumes d'hiver **55**
Velouté de butternut et noisettes concassées **54**
Velouté de petits pois et mozzarella **51**
Velouté de tomate, courgette et basilic **50**

LÉGUMES

Artichauts braisés au thym **64**
Aubergine au miso **66**
Brouillade d'œuf à l'estragon et tomates **86**
Champignons farcis au fromage frais **92**
Chili végétarien **94**
Chou kale aux pignons de pin **97**
Clafoutis aux légumes d'été **68**
Courgettes farcies au quinoa **80**
Courgettes rondes façon œuf cocotte **79**
Fenouil braisé **74**
Flan de légumes **85**
Goulasch de courgettes **78**
Gratin de chou-fleur à la béchamel allégée **98**
Haricots plats à la tomate **71**
Mijoté de lentilles au tofu **99**
Mijoté de lentilles corail **100**
Nouilles soba aux champignons **90**
One pot pasta aux asperges et ricotta **93**
Pâtes aux légumes **103**
Piperade et œuf poché **88**

Index

Poêlée de blettes à l'ail **75**
Poêlée de légumes anciens **84**
Poêlée d'épinards au curcuma **70**
Poke bowl végétarien aux lentilles **76**
Quinoa aux fruits secs et pâtisson **82**
Risotto de navet **72**
Riz noir au chou frisé **96**
Rouleaux d'aubergine au quinoa **67**
Semoule aux légumes **81**
Spaghettis de légumes **102**
Tofu braisé aux légumes **89**

POISSONS

Bar vapeur aux tomates et aux olives **119**
Cabillaud au jus thaï **110**
Cabillaud au lait de coco **111**
Calamars aux tomates **115**
Crevettes au poivre **126**
Crevettes et tagliatelles de courgette **127**
Curry de poisson aux carottes **134**
Daurade à la tapenade **118**
Espadon mariné vapeur **122**
Lieu noir aux pois gourmands **131**
Lotte et son bouillon au curcuma **123**
Maquereaux au vin blanc **130**
Mijoté de lotte aux poivrons **124**
Moules marinières **114**
Pain de thon **107**
Papillote de cabillaud aux épinards **108**
Papillote de Saint-Jacques aux carottes et à l'orange **112**
Poke bowl à la daurade **116**
Riz au safran et lieu noir **132**
Rouget et petits pois **128**
Sardines farcies aux épinards **106**
Saumon en croûte d'herbes **120**
Spaghettis aux coques **104**

VIANDES

Agneau aux fèves **162**
Aubergines farcies au bœuf **135**
Bibimbap **136**
Boulettes de dinde au yaourt et cresson **150**
Courgettes bolognaise **164**
Courgettes farcies, dinde et épices **148**
Dinde aux oignons rouges **146**
Escalope de dinde roulée au thym et petit-suisse **154**
Filet mignon à la vapeur **157**
Filet mignon aux courgettes **158**
Œufs cocottes à la dinde et aux légumes croquants **152**
Poêlée de courgettes, pois chiches et jambon **149**
Porc mariné et céleri **156**
Poulet aux endives braisées **144**
Poulet façon pot-au-feu **142**
Poulet tandoori **139**
Poulet vapeur, tagliatelles de légumes **145**
Sauté de dinde au paprika et riz thaï **153**
Sauté de veau au citron confit **160**
Tajine de poulet au citron **140**
Veau au citron et graines de fenouil **161**
Wok de poulet **141**
Wraps de poulet **138**

SAUCES ET BOUILLONS

Aïoli **173**
Béchamel allégée **165**
Bouillon de légumes verts au curcuma **168**
Bouillon de poisson **171**
Bouillon de volaille **170**
Mayonnaise sans huile **172**
Sauce à l'aubergine **167**
Sauce tomate **166**

DESSERTS

Abricots farcis aux amandes **183**
Ananas caramélisé **182**
Compote de mirabelles **176**
Compote de pommes et cerises **177**
Compotée de pêches **180**
Crème au lait d'amande **189**
Crème vapeur à l'orange **174**
Gelée de coing allégée **190**
Petits moelleux légers au citron **181**
Poires pochées aux épices **184**
Pommes farcies aux pruneaux **186**
Porridge à la banane et aux framboises **187**
Soupe de fraises **178**
Yaourt **188**